本书由呼和浩特民族学院"蒙古国研究中心"和呼和浩特民族学院法学院"铸牢中华民族共同体意识视域下的蒙古族法律文献研究基地"资助出版。

应用型人才培养目标下法学专业实践教学改革研究

胡玉荣 著

中国政法大学出版社

2025·北京

声　　明　1. 版权所有，侵权必究。

　　　　　2. 如有缺页、倒装问题，由出版社负责退换。

图书在版编目（CIP）数据

应用型人才培养目标下法学专业实践教学改革研究 / 胡玉荣著. -- 北京：中国政法大学出版社，2025. 4. -- ISBN 978-7-5764-2063-0

Ⅰ. D90-42

中国国家版本馆CIP数据核字第2025UA8112号

出 版 者	中国政法大学出版社
地　　址	北京市海淀区西土城路 25 号
邮寄地址	北京 100088 信箱 8034 分箱　邮编 100088
网　　址	http://www.cuplpress.com（网络实名：中国政法大学出版社）
电　　话	010-58908586(编辑部) 58908334(邮购部)
编辑邮箱	zhengfadch@126.com
承　　印	固安华明印业有限公司
开　　本	880mm×1230mm　1/32
印　　张	8.375
字　　数	220 千字
版　　次	2025 年 4 月第 1 版
印　　次	2025 年 4 月第 1 次印刷
定　　价	49.00 元

前 言

在当今国家快速发展的背景下,法治建设作为国家治理体系和治理能力现代化的重要基石,正面临着前所未有的机遇与挑战。随着社会的不断进步和法律的日益完善,对法学专业人才的需求也从传统的学术型向应用型、复合型转变。这一转变不仅要求法学教育紧跟时代步伐,更要求我们在教学内容、方法及评价体系上进行深刻的改革与创新。

《应用型人才培养目标下法学专业实践教学改革研究》一书正是在这样的背景下应运而生的。本书紧密围绕应用型人才培养的核心目标,系统梳理了法学专业实践教学的现状与问题,深入分析了国内外先进的实践教学经验,旨在为法学教育的改革与发展提供一套切实可行的理论框架与实践路径。

在重点内容方面,本书首先从应用型人才的定义、特点及培养目标出发,构建了法学专业实践教学改革的理论基础。随后,通过对比国内外法学专业实践教学的不同模式,总结了各自的优势与不足,以为我国的法学教育改革提供有益的借鉴。在此基础上,本书重点探讨了课程体系与教学内容的融合、实践技能与理论知识的结合、案例教学、模拟法庭、校企合作等教学策略,以及教学资源整合、教师队伍建设、学生能力培养及评价体系构建等关键路径。通过案例研究与实证分析,本书评估了实践教学改革的效果,验证了其对学生能力提升的积极作用。

本书的特点在于其系统性、实用性和前瞻性。它不仅从理论层面深入剖析了法学专业实践教学的本质与规律，还从实践层面提出了一系列具有可操作性的改革措施。同时，本书还对法学专业实践教学改革做出了展望，为法学教育的持续改革与创新提出了前瞻性的思考。

  本书适用于法学教育工作者、学生、法律实务界人士以及所有关心法学教育改革与发展的读者。我们希望通过本书的出版，激发更多人对法学教育改革的关注与思考，共同推动法学教育向更高水平、更深层次发展。

  最后，我要向所有为本书撰写、编辑、出版付出辛勤努力的同仁表示衷心的感谢。由于时间仓促及作者水平有限，书中难免存在不足之处，恳请广大读者批评指正。期待在未来的日子里，与各位同仁携手共进，为法学教育的繁荣与发展贡献更多的智慧与力量。

胡玉荣
2024 年 9 月

目 录

第一章 绪 论 ………………………………………… 001
 第一节 研究背景 ………………………………………… 001
 第二节 研究目的 ………………………………………… 004
 第三节 研究方法 ………………………………………… 007
 第四节 研究结构 ………………………………………… 010

第二章 应用型人才培养的理论基础 ………………… 014
 第一节 应用型人才的定义、特征和分类 …………… 014
 第二节 应用型人才培养的特点 ……………………… 026
 第三节 应用型人才培养目标 ………………………… 031
 第四节 应用型人才需求分析 ………………………… 035

第三章 法学专业实践教学改革概述 ………………… 040
 第一节 法学专业实践教学的概念和特点 …………… 040
 第二节 法学专业实践教学的原则 …………………… 048
 第三节 法学专业实践教学改革的背景和必要性 …… 056
 第四节 法学专业实践教学改革的内容 ……………… 062

第四章　国内外法学专业实践教学人才培养模式 …………… 068
第一节　国内法学专业实践教学人才培养模式 ……………… 068
第二节　美国法学专业实践教学人才培养模式 ……………… 089
第三节　德国法学专业实践教学人才培养特点 ……………… 093

第五章　应用型人才培养目标下的法学专业
实践教学策略 ………………………………………… 097
第一节　课程体系和教学内容的重构 ………………………… 097
第二节　实践技能和理论知识的结合 ………………………… 108
第三节　案例教学和模拟法庭 ………………………………… 114
第四节　校企合作和实习实训 ………………………………… 127
第五节　教学评价和反馈机制 ………………………………… 144

第六章　应用型人才培养目标下的法学专业实践教学
改革路径 ……………………………………………… 151
第一节　教学理念和方法的创新 ……………………………… 151
第二节　教学资源的整合和优化 ……………………………… 156
第三节　打造协同育人的产学研实践教学平台 ……………… 161
第四节　教师队伍建设和专业化发展 ………………………… 173
第五节　学生能力培养和评价体系构建 ……………………… 179
第六节　法学专业实践教学的信息化和智能化发展 ………… 184

第七章　案例研究和实证分析 ……………………………… 188
第一节　典型高校法学专业教学案例分析 …………………… 188
第二节　实践教学改革的效果评估 …………………………… 195

第三节　学生能力提升的实证研究 …………………………… 202
　　第四节　教学改革的策略研究 ………………………………… 216

第八章　应用型人才培养目标下法学专业实践教学改革的未来发展 ………………………………………………… 233
　　第一节　法学专业复合应用型人才培养方法 ………………… 233
　　第二节　提高法院旁听质量，改善法学教学效果 …………… 236
　　第三节　走创新型法学专业教育之路 ………………………… 241
　　第四节　实施法学诊所教育 …………………………………… 243

附录一　于同学的实习收获与感悟 …………………………… 245
附录二　董同学的学习感悟 …………………………………… 249
附录三　学生的部分实践作业展示 …………………………… 251
参考文献 ………………………………………………………… 257

第一章

绪 论

经济的转型升级对人才的培养提出了新的要求,社会对高素质应用型人才的需求日益增长。[1]高等法学教育作为培养法律人才的主要途径,其教学模式改革必须适应新形势需要。随着法治国家的深入建设,面对复杂多变的法律环境和社会问题,传统的法学教育模式已难以满足培养具备实践能力、创新能力和社会责任感法律人才的需求。探索应用型人才培养目标下的法学专业实践教学改革,成为当前法学教育界亟待解决的重要课题。本书旨在深入分析当前法学教育实践中存在的问题与挑战,通过系统研究与实践探索,提出一套符合应用型人才培养要求的法学专业实践教学体系,以期为我国法学教育的改革与发展贡献智慧与力量。本章将围绕研究背景、目的、方法及结构展开详细论述,为后续研究奠定坚实基础。

第一节 研究背景

近年来,随着社会经济的快速发展,法学教育也面临着前所未有的挑战和机遇。法学教育面临的挑战并不是法学教育饱和,

---

[1] 黄崴主编:《民办高教发展研究》(第6辑),中山大学出版社2021年版,第19页。

而是结构性矛盾的存在,即法学教育与社会需求存在一定程度的脱节,换句话说,当前法学教育的"供给质量"不能完全满足法律市场的"客户需求"。[1]现代社会对法学专业人才的需求日益增加,不仅在数量上要求有显著增长,而且在质量上也提出了更高要求。特别是应用型人才的培养成为法学教育的重要目标,这不仅是基于社会对法律服务多样化、专业化的需求,更是法学教育自身发展的内在要求。基于此,法学教育的实践教学改革迫在眉睫。传统的法学教育模式以理论教学为主,忽视了实践能力的培养,导致很多法学专业的毕业生在进入职场之际面临实际操作能力不足的问题。这种现象在一定程度上限制了法学教育为社会输送高素质法律人才的能力。

随着社会的快速发展和法治建设的深化,法律实践的复杂性和多样性不断增加。法学专业学生不仅需要掌握扎实的理论知识,更需要具备灵活运用法律条文解决实际问题的能力。而现有的法学教育模式过于注重课本知识,忽视了模拟法庭训练、实习实训等实践环节的教学。这样的教育方式虽然可以帮助学生在理论考试中获得高分,但却难以培养出在实际法律事务中独当一面的专业人才。法学教育的改革应全面提高实践教学的比重,鼓励高校与法律实务部门建立紧密合作关系,邀请资深法律专家走进课堂,开设模拟法庭和实际案例分析课程。高校还应为学生提供更多的实习机会,让他们能够在真实的法律环境中得到锻炼和成长。唯有如此,才能真正实现培养既有理论素养又具备实践能力的复合型法律人才的目标。

简单来说,当前法学专业实践教学改革的背景因素主要涉及以下几个方面:

---

[1] 黄进主编:《中国法学教育研究》(2016年第4辑),中国政法大学出版社2016年版,第39~40页。

一、当前法学教育亟须拓展实践教学途径

目前,法学的教育模式以通识教育为主,一些高校对法学专业学生的法律职业技能培训不到位,教学内容不能全面反映法学的全貌,偏重理论化,这就造成法学专业学生的专业知识与专业技能脱节,以及教学与实务操作脱节,技能培养效果不佳。[1]加上法学专业的实践教学形式相对有限,许多课程缺乏实践教学环节,学生缺少实际操作的机会和平台。而法律实务经验的不足直接影响了学生的职业素养与实战能力。现实中的法律问题千变万化,课堂讲授很难涵盖所有可能性,缺乏多样化的模拟法庭、实习实训等实践教学环节,会让学生的理论知识和实际应用之间产生巨大脱节,难以应对现实法律工作中复杂多变的情境。不少法学专业学生毕业后在应对实际问题时显得力不从心,难以快速适应职场需求。

二、当前法学教育需要增加实践教学经费

相对于理论教学,实践教学需要更多的资源和投入。当前仍有相当数量的法学院校需要增加实践教学经费,否则法学专业的实践教学设施和资源无法满足教学需求,将会影响实践教学效果。经费短缺不仅限制硬件设施的完善,还会直接影响指导教师和实践课程的质量。因为资金问题,许多高校无法聘请经验丰富的法学专业人士授课或指导学生实习,这使得学生在实际操作中的学习体验大打折扣。实践教学中常常需要开展各种调研活动、实地考察以及模拟法庭案例分析等,这些都需要有相应的资金支持。

---

[1] 王永清、付宏刚主编:《红色教育家王季愚教育思想研究论文集》,黑龙江大学出版社2021年版,第128页。

三、实践教学的系统性和规范性有待提升

当前,许多法学专业的实践教学内容和形式需要经过系统的规划和设计。具体来说,实践教学不应该由个人随意安排,而是应该进行统一的规划和规范,确保教学效果的稳定性。学校应努力提高学生在实践教学中的参与度和积极性,发挥实践教学的应有作用,提高学生在实践中的知识转化效率,促使学生将理论知识应用于实践。

四、实践教学效果需要加强

很多学生在毕业前的短暂实践过程中,所获得的实践经验有限。学校应加强与实习实训单位的密切合作,为学生提供更多的实践机会,促进学生的经验积累。

基于上述背景,本书致力于探讨应用型人才培养目标下的法学专业实践教学改革,旨在通过多角度的分析和研究,提出系统、可行的改革方案。本书结合国内外法学教育的成功案例和经验,提出有针对性的改革路径和方法。同时还将特别关注社会需求的变化及其对法学专业学生能力要求的影响,并探讨如何在教学中融入新科技、新理念以提升法学专业学生的实战能力和创新思维。通过综合分析与实践案例的结合,希望能够为法学教育的改革提供一条科学且可操作的路径,使法学专业的毕业生能够更好地适应复杂多变的法律职业环境,真正实现理论与实践的无缝衔接。

第二节 研究目的

本书的主要目的是深入探讨法学专业实践教学改革的背景、必要性及内容方略。通过结合国内外法学专业实践教学的人才培养

模式，本书希望提出一套切实可行的实践教学改革方案，以提升教学效果，培养更高素质的法律人才，并促进法学教育与实际法律职业的紧密结合，更加有效应对新时代对法学专业人才的多元化需求。

一、提升学生的实践能力

现代法学教育常常被诟病过于理论化，忽视对法律实践技能的培养，以致不少法学专业的毕业生在进入职场后暴露出实际操作能力不足的问题。这不仅影响了学生的就业竞争力，也制约了法学教育的长远发展。本书将致力于构建一套科学、系统的实践教学设计，让学生在学习过程中能够获得大量的实践机会。通过模拟法庭、案例研讨、法律诊所等具体的实践教学环节，学生能够在真实或模拟的法律情境中锻炼操作能力，提升解决实际法律问题的能力，掌握团队合作、沟通协作等重要的职场技能。本书还试图通过多层面的实践教学设计，助力培养具备实际操作能力和综合素质的法律人才。

二、优化教学资源配置

当前，不少高校特别是在法学领域，实践教学资源相对匮乏，导致教学效果不尽如人意。本书将深入探讨如何更有效地利用现有的教学资源，以及通过多种方式获取额外资源的可行性。例如，与法律实务单位建立长期合作关系，通过校企合作、实习实训等形式，为学生提供更为丰富的实践机会；着眼于建设现代化的实践教学设施，如模拟法庭、多媒体教室等，使学生的实践学习环境更加丰富和多样。为了进一步提升法学教育的质量，有必要建立系统化、综合性的实践教学体系。这不仅应包括高水平的师资培训和课程设计，还需集成先进的信息技术，开发在线模拟案件和互动平台，让学生即使在校外也能持续进行实践学习。同时，探索跨学科的合作模式,例如与计算机科学、社会学等学科结合,通过多维度的实践项目,全面提升学生的综合能力和面向未来的思维能力。通过资源共享和技术创新,可以显著提高教学资源的利用效率,培养出更适应现代社会需要的法律人才。

  创新教学方法是提升教育效果的重要手段。引入多样化的教学方法,如案例教学、模拟法庭等,能为激发学生的学习兴趣和参与性创造更多机会。案例教学能够让学生在具体的法律事件中,仔细分析问题、寻找解决方案,在实战中提高法律逻辑思维能力。模拟法庭则是另一种非常有效的实践教学形式。学生可以在其中模拟真实的庭审步骤,扮演不同的角色,如律师、法官、陪审团成员等,以体验从起诉到判决的全过程。这种模拟不仅能够帮助学生更好地理解法律条文在具体案件中的实际应用,还能提升学生的口才和公共演讲能力,培养学生的临场反应能力和决策能力。通过这些实践活动,学生能够在一个相对安全的环境中磨炼自己,积累实际操作经验,为未来的职业生涯打下坚实的基础。本书还将提出一套全面客观的实践教学评价体系,以对学生的实践能力进行科学评估。例如,通过多元化的评价方式,如撰写案例分析报告、参与模拟法庭演练成绩、实习表现等,全面评估学生在实践教学中的表现。通过定期的反馈机制,及时发现和解决实践教学中存在的问题,不断提升实践教学质量。

三、提炼先进经验,提供指导性范本

  法学教育的改革可以借鉴国外的成功经验,并根据我国法学教育的实际情况进行适当调整和优化。本书将总结国内外成功的法学教育改革经验,提炼适合我国高校的实践教学模式,并提出具体实施路径。这不仅能为各高校的实践教学改革提供有力的参考,还能够形成较为统一的学科发展路径,提升法学教育的整体

水平。国际视角的引入将帮助学生开阔眼界,了解全球法学教育的发展动态与趋势,培养出更具国际竞争力和视野的法律人才。通过分析国外先进的人才培养模式,可以发现一些可供借鉴的有效模式,通过合理吸收并在本土化过程中保持创新,为培养高素质的法律人才打下坚实的基础。

本书在明确了相关研究背景和存在的问题之后,通过明确研究目的,将努力实现提升学生实践能力、优化教学资源配置、创新教学方法、健全评价体系、提炼先进经验等多方面的目标。这些目标均旨在推动法学专业的实践教学改革,让法学教育更好地服务社会,培养出更多高素质的应用型法律人才。通过这一系列系统性、科学性的改革措施,希望能够在根本上提高法学专业学生的整体素质,使他们更好地适应未来法律实践的挑战。

第三节 研究方法

本书将通过文献综述、问卷调查、案例研究和数据分析等多种研究方法,为后续章节的分析与建议提供有力支持。这些方法的综合运用,确保了本书研究的科学性、客观性和实用性,为研究的顺利开展和成果的可靠性奠定了基础。文献综述使得相关理论和研究成果得以系统性地整理和归纳,帮助识别研究空白点和前沿问题;问卷调查则通过广泛收集一手数据,使得研究结论更具代表性和普遍意义;案例研究深入分析具体情境中的实际问题,为理论应用提供了有效的参照;而数据分析不仅提升了研究的量化水平,还通过模型和统计手段验证了假设。综合运用这些方法,不仅确保了研究的全面性和深度,也为实际应用提供了强有力的指导。本书研究将在调查过程中秉持严谨的态度,充分结合理论与实践,全面覆盖研究所需的各个方面,通过多角度、多层次的分析，为读者呈现有深度、有广度的研究内容。

一、文献综述

文献综述是对研究问题涉及领域相关文献的系统梳理和整体概括。[1]它是研究过程中重要的研究方法，通过汇集相关领域中的已有研究成果，为新的研究提供理论基础和参照框架。在进行文献综述系统梳理时，研究者不仅要全面了解现有的研究成果，还需批判性地分析这些研究，包括其方法、数据、结论及潜在的局限性。这种方式不仅可以帮助研究者确定研究的背景和动机，还能帮助研究者发现研究中的空白和问题，为其研究方向的确定提供依据。文献综述还有助于研究者建立研究网络，与其他研究者进行学术交流和合作，共同推动该领域的发展。

需要注意的是，进行文献综述并不仅仅是简单地罗列已有的研究成果，而是需要经历一个系统化和结构化的过程。首先，研究者需要明确研究的主题和范围，并选定相关的关键词，以便进行高效的文献检索。其次，研究者需要对检索到的大量文献进行筛选和归纳，提取出核心的研究观点和数据。在此过程中，研究者既要关注经典文献，也不能忽视最新的研究进展，以确保综述的全面性和时效性。最后，研究者还应当对不同研究成果之间的相互关系、矛盾点及争议进行深入分析，找出研究中的一致性和差异性，从而为自己的研究提供一个清晰的理论框架。通过这种方式，不仅能展示研究者的学术素养和批判性思维能力，还能为整个研究过程提供坚实的理论支持。

本书研究在前期阶段进行了广泛而深入的文献查找与分析，目标是对法学专业实践教学的现状、困境及改革实践有一个全面、

---

[1] 汪建华：《大学通识教育课程变革史论（1912—1948）》，西南交通大学出版社2020年版，第7页。

第一章 绪 论

系统的了解。通过在中国知网、学校图书馆等平台检索和阅读大量国内外相关学术文献和案例研究，本书梳理出了当前法学教育存在的共性问题及有效改革措施，如此既能为研究奠定坚实的理论基础，还能帮助研究者了解已有研究的主要观点和不足之处，从而更有针对性地进行深入探讨。

二、问卷调查

问卷调查是指利用统一提问、回答的形式与内容对所有被调查对象进行询问，得到的结果也可以统一进行处理，体现了结构化的特点。[1]设计科学合理的问卷，并分别发放给法学专业的学生、教师和雇主企业，通过定量分析的方法，衡量学生的实践能力、教师的教学效果及企业对学生能力的评价。这样不仅有助于了解实践教学的实际应用效果，还能够通过定量数据分析，发现潜在问题，为教学改革提供具体依据。问卷调查不仅仅是单向的信息收集过程，还可以是一个多层次的反馈机制。学生的反馈能够揭示课程设计中的真正需求和不足，而教师的反馈可以提供关于教育方法和教学资源的宝贵意见，雇主企业的反馈则直接关系到学生在现实工作环境中的表现和适应能力。通过多维度的数据采集，可以全面而深入地了解法学专业的教育质量，识别出不同利益相关者之间的期望差距和现实表现。

三、案例研究

案例研究是通过对相对小的样本进行深度调查、归纳，总结现象背后的意义和基本规律的过程，它是与实验、问卷调查相并

---

[1] 徐祥运、刘杰编著：《社会学概论》（第6版），东北财经大学出版社2021年版，第39页。

列的一种管理科学研究方法。[1]本书将选取国内外在法学专业实践教学改革方面具有显著成效的高校和机构，进行深入案例研究分析。例如，美国、德国一些知名法学院的案例，将为研究提供有价值的改革经验和启示。通过对这些成功案例的剖析，可以总结出其实践教学的人才培养模式优势，这将为我国法学专业的实践教学改革提供宝贵的范例和借鉴。这些范例不仅限于课程设计和教学方法的创新，还包括实习等多样化实践。对这些成功经验的吸收和本土化，将有助于提升我国法学教育的国际竞争力和实践水平。

四、数据分析

数据分析是指通过科学的统计分析方法，对各种渠道所得数据进行定量分析。数据分析不仅能够揭示隐含在众多数据背后的共性问题及其根源，还能为提出改进方案提供坚实的理论基础。在分析过程中，采用多元分析、回归分析等统计方法，能确保研究结论的科学性和可靠性。与此同时，数据分析还起到了识别关键变量、预测趋势和评估效果的重要作用。在数据挖掘过程中，通过合理的建模和拟合，可以发现隐藏在数据背后的规律和模式，从而为实际决策提供重要的参考依据。

第四节 研究结构

在对研究方法进行了全面和详细的说明之后，本节将概述整个研究的结构和章节安排，以便读者能够清晰地了解本书的逻辑

---

[1] 王嫒主编：《大数据背景下的环境经济与管理学》，天津大学出版社2022年版，第166页。

框架和思路。研究结构的设计旨在通过系统而有条理的章节组织，逐步深入地探讨法学专业实践教学的改革需求及对策建议。

本书共分为八章，每一章都有其独特的定位和功能，以确保研究的系统性和完整性。这些章节基于应用型人才培养的全过程，从理论基础、实例分析，到实践策略及未来展望，形成了一个完整的闭环结构。

一、理论基础与实践教学分析

本书前半部分（前四章）主要构建了研究的理论基础和实践教学分析框架。通过明确应用型人才的定义、特征、分类、培养特点及培养目标，结合法学专业的实际需求，揭示传统法学教育模式在培养应用型人才方面的不足，进而明确了实践教学改革的重要性和紧迫性。通过国内外法学专业实践教学人才培养模式的对比分析，提炼出可借鉴的先进经验和启示，为后续的改革实践提供了有力的理论支撑和参考依据。

第一章绪论，包括研究背景、研究目的、研究方法和研究结构。在这一章中，首先简要介绍了研究的起因和背景，即当前法学教育所面临的挑战和改良需求；其次明确了研究的目的，即通过理论与实践的结合，为法学专业的人才培养提供可行的建议和策略；紧接着对研究方法进行了详尽说明，确保研究的科学性和系统性；最后一节则概述了研究的总体结构，旨在帮助读者快速了解文章的整体逻辑。第二章应用型人才培养的理论基础，重点探讨应用型人才的定义、特征、分类、培养特点、目标及需求分析。这一章的定位在于为后续章节的研究奠定坚实的理论基础，从宏观角度解析应用型人才的多维属性，并深入剖析其培养的核心要素及现实需求。第三章法学专业实践教学改革概述，主要涉及法学专业实践教学的概念、特点、原则，以及改革的背景和必要性、内容。这一章通过全面而系统的回顾，为读者呈现了法学专业实践教学的关键要素和改革动因，并为具体的改革路径提供了理论支撑。第四章国内外法学专业实践教学人才培养模式，通过对比国内与国外如美国和德国的法学教育模式，从中提取具有借鉴意义的实践教学经验和创新做法。该章的目的在于通过学习和分析国外的先进经验，明确我国法学专业实践教学需改进之处。

二、具体策略与发展路径

本书后半部分（后四章）则聚焦改革的具体实施策略和未来发展路径。首先是提出课程体系和教学内容重构、实践技能和理论知识结合、案例教学与模拟法庭、校企合作与实习实训推进等一系列教学策略，旨在全面提升法学专业学生的实践能力和综合素质。接着是强调教学理念和方法的创新、教学资源的整合和优化、教师队伍的建设与专业化发展等关键要素在改革过程中的重要作用。最后是通过案例研究和实证分析，验证这些策略的有效性，并基于实际数据提出有针对性的策略建议。

第五章应用型人才培养目标下的法学专业实践教学策略，具体讨论课程体系和教学内容的重构、实践技能和理论知识的结合、案例教学和模拟法庭、校企合作和实习实训以及教学评价和反馈机制。这一章旨在为具体的教学实践提供方法和策略，确保培养目标的落地执行。第六章应用型人才培养目标下的法学专业实践教学改革路径，探讨教学理念和方法的创新、教学资源的整合和优化、教师队伍建设及学生能力培养等。这一章实质上是对前几章提出的理论基础和案例分析进行归纳，并提出创新性、具有可操作性的改革路径。第七章案例研究和实证分析，通过典型高校的案例研究和实证数据分析，验证前述改革路径的实效性。具体内容包括对改革效果的评估、学生能力提升的实证研究，以及在实际实施中可能遇到的挑战和解决方案。第八章应用型人才培养目标下法学专业实践教学改革的未来发展，进一步讨论法学专业复合应用型人才培养的方法、提高法院旁听质量以优化法学教学效果、创新型法学专业教育之路以及实施法学诊所教育等。这一章为研究的阶段结束和未来发展提供了战略性的指引，也为后续研究提供了潜在课题和方向。

通过这样详尽而又系统的结构安排，本书将帮助读者循序渐进地理解研究问题，并通过分析研究内容，最终提出有效的结论和建议。希望通过这些章节的详细阐述，本书能够为法学专业的实践教学提供系统合理的研究方向和有建设性的指导意见，进而促进法学教育的改革与发展。

第二章
应用型人才培养的理论基础

在快速变化的社会经济格局中,应用型人才成为推动产业升级与创新发展的重要力量。本章将从理论层面深入剖析应用型人才培养。首先,从定义与分类入手,明确什么是应用型人才,以及其根据不同维度可以被划分为哪些类别。其次,聚焦应用型人才培养的特点,突出实践特色,强调实践教学的重要性。再次,确立清晰的培养目标,即培养既具备扎实专业知识,又拥有卓越实践能力的复合型人才,突出人才的实用性、适应性和发展性。最后,通过需求分析,洞察市场与行业对应用型人才的迫切需求,为教育培养体系的优化提供方向指引。

第一节　应用型人才的定义、特征和分类

一、应用型人才的定义

应用型人才是能将大学期间所学的专业知识和职业技能应用于所从事的社会生产实践的专门人才,其任务是将抽象的理论知识转换成具体操作构思或产品构型,将知识转化为生产力。[1]具

---

[1] 周二勇主编:《高水平应用型大学要素研究》,北京理工大学出版社2022年版,第190页。

体来说，应用型人才是指那些不仅拥有扎实理论知识，而且能够将理论知识与实际操作结合起来，解决现实问题的人才。他们具备扎实的基础知识与技能，可以在特定领域中应用所学知识进行问题处理与创新。应用型人才的核心特质在于"用"，即学以致用，将知识转化为实际操作和生产力。这种人才不仅需要掌握相关理论，还需要具备高超的实践能力和创新思维，能实现知识在实践中的转化和再创造。

随着技术的不断进步和市场需求的变化，社会各界对人才的要求也在不断提升，单纯的理论知识已经不足以应对复杂的现实问题。应用型人才通过实际操作，将理论知识灵活地运用于解决实际问题，不仅能极大地提高工作的效率和质量，还能在实践中不断积累经验和灵感，为今后职业道路的顺利发展打下坚实的基础。他们能够在多变的环境中快速适应和调整，成为企业和社会发展的重要支撑力量。培养和发展应用型人才，对于提升国家竞争力和推动社会进步具有举足轻重的作用，对此不仅需要教育体系的不断改革与创新，还需要企业提供更多的实践机会，使理论与实践做到紧密结合，继而实现人才的全面发展。

二、应用型人才的基本特征

应用型人才是指能将专业知识和技能应用于所从事的专业社会实践的一种专门人才类型。他们不仅具备扎实的理论基础，还拥有卓越的实践能力和创新能力，是现代社会中不可或缺的重要人才类型。应用型人才的基本特征如图 2-1 所示。

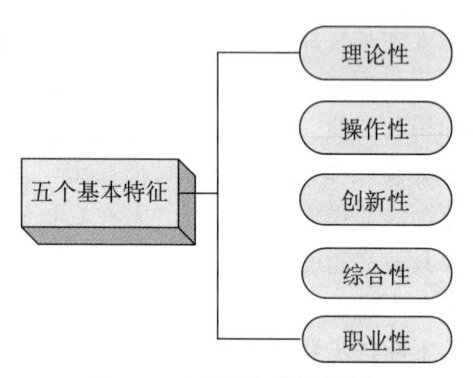

```
         ┌── 理论性
         │
         ├── 操作性
五个基本特征 ┤
         ├── 创新性
         │
         ├── 综合性
         │
         └── 职业性
```

图 2-1　应用型人才基本特征

（一）具备扎实的理论基础

具备扎实的理论基础是应用型人才理论性特征的核心表现。它不是简单的知识累积，而是一种由内而外的专业素养体现。应用型人才学习所在专业的基本概念、原理和理论框架的过程，实际上是在构建支撑其未来实践与创新的知识体系，这将深刻影响他们面对复杂问题时的应对能力、解决策略的创新性及适应行业变革的灵活性。拥有扎实理论基础的应用型人才，能够凭借深厚的专业知识，精准地把握问题的本质，制定出科学合理的解决方案。他们不仅能够有效地解决当前的问题，更能够预见并应对潜在的挑战。这种前瞻性和预见性，正是基于他们对专业理论的深入理解和灵活运用。

扎实的理论基础还是应用型人才持续学习和创新的源泉。在知识爆炸的时代，只有不断学习、更新自己的知识储备，才能跟上时代的步伐。而深厚的专业理论功底，则为应用型人才提供了继续学习的基础，使他们能够在学习的道路上不断前行，不断突破自我。

（二）具备实践操作能力与问题解决能力

实践操作与问题解决能力是应用型人才操作性特征下不可或

缺的两大技能，它们相互依存、相互促进，共同构成了应用型人才的核心竞争力。随着科技的不断进步和社会的快速发展，这两种能力将变得更加重要。

1. 实践操作能力

应用型人才擅长将抽象的理论知识转化为具体的实践操作，通过双手的灵巧操作，将设计、构想变为现实。这种能力在生产、服务和管理等各个领域都至关重要，它使得应用型人才能够迅速适应工作环境，高效完成任务。

2. 问题解决能力

面对复杂多变的工作环境，应用型人才能够快速识别问题所在，深入分析问题的本质和根源，并运用所学知识和经验，创造性地提出解决方案。这要求他们具备敏锐的洞察力、严谨的逻辑思维和果断的决策能力。

(三) 拥有创新能力与持续学习能力

应用型人才的创新型特征体现在其具有创新与持续学习能力，这是他们在日新月异的现代社会中保持竞争力的关键所在，两种能力相辅相成，不仅关乎个人成长和发展，更关乎所在领域的进步和繁荣。

1. 创新意识与创新能力

创新意识与创新能力是应用型人才的灵魂。他们不拘泥于传统框架，勇于挑战现状，积极寻求突破。在实践中，他们不断尝试新的方法、技术和思路，以更加高效、便捷、环保的方式解决问题。这种敢于创新、善于创新的精神，不仅为个人带来了成就感和满足感，更为所在领域的进步和发展注入了新的活力和动力。

2. 持续学习能力

持续学习能力则是应用型人才适应快速变化环境的制胜法宝。在知识爆炸的时代，技术更新换代的速度日益加快，只有不断学习,紧跟时代步伐,才能在激烈的竞争中立于不败之地。这与应用型人才的创新性特征要求一致,他们始终保持对行业动态和技术发展的高度关注,积极吸收新知识、新技能,不断拓展自己的知识边界和视野,不断提升自己的综合素质,为创新提供源源不断的灵感和动力。

(四)具备较高的综合素质

较高的综合素质是应用型人才不可或缺的品质,它涵盖跨学科知识和综合职业能力等多个方面。跨学科知识和综合职业能力的有机结合,使得应用型人才能够在现代社会中展现出更强的竞争力和适应能力。

1. 跨学科知识

拥有跨学科知识是现代社会对人才的新要求。随着学科交叉和融合的趋势日益明显,单一领域的知识已经难以满足解决实际问题的需要。应用型人才需要具备跨学科的知识和技能,以便更好地理解和解决复杂问题。他们通过关注相关领域的发展动态,学习跨学科知识与技能,将其融入所在领域,不断拓宽视野、丰富知识结构,提升解决问题的能力和水平。

2. 综合职业能力

综合职业能力是应用型人才全面发展的重要体现。这不仅包括扎实的专业技能,还涵盖沟通能力、团队协作能力和领导力等多个方面。沟通能力使他们能够清晰、准确地表达自己的观点和想法,与同事、客户等建立良好的人际关系;团队协作能力则让他们能够在团队中发挥个人优势,与他人协作完成任务;领导力则赋予他们引领团队、推动项目向前发展的能力。这些综合职业能力的有机结合,使得应用型人才能够在复杂多变的工作环境中游刃有余,发挥更大的作用。

(五)具有良好的职业道德与敬业精神

良好的职业道德与敬业精神是应用型人才职业性特征的本质

体现，它们不仅关乎个人形象与职业发展，更对社会整体进步与和谐具有深远影响。

1. 良好的职业道德

良好的职业道德是应用型人才应当坚守的底线。他们应当具备高度的责任感和自律性，始终遵循行业规范和法律法规，以诚信、公正、专业的态度对待工作。这种职业道德的坚守，是对个人和社会负责的表现，有助于树立行业正气，维护市场秩序。

2. 敬业精神

敬业精神则是应用型人才追求卓越、实现自我价值的不竭动力。他们热爱自己所从事的工作，将其视为实现个人价值和社会价值的重要途径。在工作中，他们具备强烈的责任心和使命感，勇于担当、敢于创新，为所在领域的发展贡献自己的力量。这种敬业精神能够激发他们的工作热情和创造力，推动他们在专业领域不断深耕细作、追求卓越。

三、应用型人才的分类

（一）按职业能力分类

1. 技术技能型人才

技术技能型人才是企业实现其市场竞争力，保持其长远发展动力的关键要素。[1]他们通常具备某一领域或行业的特定技术和专业技能，能够独立完成复杂的工作任务，并有效解决技术难题。这类人才往往在长期的专业培训和实践积累中掌握了高超的技艺和丰富的经验。就技术技能型人才来说，不同行业和领域对其要求各不相同。例如，在制造业中，技术工人需要熟练掌握机床操作、精密加工等技能；在信息技术领域，软件开发工程师则需要

---

[1] 孙健、俞洋：《治理视域下职业教育校企合作模式研究》，苏州大学出版社2019年版，第82页。

精通编程语言、系统架构设计等技能。

技术技能型人才的价值在于他们能够直接参与生产过程，提高产品质量和生产效率。他们的存在对于推动技术进步、产业升级和经济发展具有重要意义。随着科技的不断进步和产业的不断升级，社会对技术技能型人才的需求也在不断增加，这使得他们拥有更广阔的发展空间和更多的职业机会。

2. 创新实践型人才

创新实践型人才是具有创新能力和社会实践能力的应用型、复合式人才，他们是推动社会进步和经济发展的重要力量，不仅具备扎实的理论基础和广泛的知识面，更重要的是拥有创新思维和实际动手能力。这类人才能够敏锐地捕捉到市场需求和技术趋势的变化，提出具有前瞻性和创新性的解决方案，并通过实践将这些方案转化为现实成果。他们敢于挑战传统观念和既定模式，勇于尝试新的思路和方法。他们也注重实践经验的积累和总结，通过不断试错和优化来完善自己的创新方案。这种不断追求创新和实践的精神，使得他们能够在复杂多变的环境中保持竞争力和创造力。

3. 管理服务型人才

管理服务型人才在现代社会中扮演着至关重要的角色。他们不仅精通管理理论和方法，还具备卓越的服务意识和能力，能够有效地协调组织内外部资源，为组织或机构提供高效、专业的服务。管理服务型人才通常具备以下三个方面能力，具体如图2-2所示。

第二章 应用型人才培养的理论基础

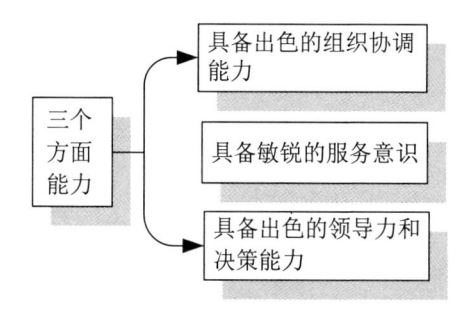

```
          ┌─→ 具备出色的组织协调能力
三个方面能力 ┼─→ 具备敏锐的服务意识
          └─→ 具备出色的领导力和决策能力
```

图 2-2 管理服务型人才的三个方面能力

（1）管理服务型人才能够清晰地分析组织内部的结构和运作机制，合理地调配人力资源和物质资源，确保各项任务和工作有序、高效地进行。他们还能够与不同部门、不同层级的人员进行有效的沟通和协调，解决工作中的冲突和问题，促进团队的协作和配合。

（2）管理服务型人才能够深刻理解客户或用户的需求，设身处地地为客户或用户着想，提供个性化、贴心的服务。他们注重细节，追求卓越，努力将每一项服务都做到尽善尽美，以满足客户或用户的期望和需求。

（3）管理服务型人才还能够根据组织的战略目标和实际情况，制定合理的工作计划和决策方案，并带领团队有效地执行和实施。他们善于发现和培养人才，能够激发团队成员的潜力和创造力，为组织的发展注入新的活力和动力。

（二）按培养途径分类

1. 通过职业教育与培训途径培养的应用型人才

通过职业教育与培训途径培养应用型人才，是人才培养体系中的一个重要组成部分。这类人才的培养过程紧密围绕市场需求和岗位要求，通过系统的职业课程教学和实践操作培训，帮助学生掌握必要的职业技能和实际操作能力。在这种培养途径中，职业院校扮演着核心角色。它们根据行业发展趋势和岗位需求,精心设计职业课程,注重理论与实践的深度融合。学生在职业院校不仅能学习专业理论知识,还能通过参与模拟实训、项目实践等,不断提升自己的实践能力和操作技能。

校企合作也是这种培养途径的一大亮点。通过与企业的紧密合作,职业院校能够及时了解市场动态和企业需求,调整和优化课程设置和教学内容。学生也有机会在企业中实习实训,亲身体验工作环境和流程,为未来的职业生涯打下坚实基础。通过职业教育与培训途径培养的应用型人才,将成为生产、建设、服务和管理等一线岗位的中坚力量。他们具备扎实的专业基础、丰富的实践经验和良好的职业素养,能够迅速适应工作环境并发挥重要作用,为企业和社会的发展贡献自己的力量。

2. 通过本科及以上学历教育途径培养的应用型人才

这类人才是通过高等教育体系全面而深入的培养塑造而成的,他们拥有深厚的理论基础,且具备将理论知识应用于实践的能力。这种教育模式旨在培养出既能掌握高端技术,又能解决复杂问题的复合型人才,以满足社会对高级应用型人才的需求。

(1) 本科层次的应用型人才。本科层次的应用型人才是指通过高等教育体系中的本科阶段教育培养出的,既具有较深理论基础又能将所学知识应用于实践的高素质人才。他们既具备扎实的专业知识和通识素养,又具有解决实际工作中复杂问题的能力,是推动社会进步和经济发展的重要力量。他们可以在各类企事业单位、科研机构、政府部门等中从事技术研发、生产管理、质量控制等工作;也可以继续深造攻读研究生学位,为未来的职业发展打下更坚实的基础。

(2) 研究生层次的应用型人才。研究生教育是高级应用型人才培养的最高层次。在这一层次,学生需要在某一领域进行更为深入的研究,参与科研项目、实验设计、前沿论文撰写等活动,这不仅能够深化他们对专业知识的理解,还能让其在导师的指导下,开展创新性研究与实践工作。

(三)按知识和技能水平分类

我们还可以进一步根据应用型人才所掌握知识和技能的程度,将其细分为初级、中级和高级三个层次,这有助于我们更全面地了解不同类型人才的能力和特点,为人才培养提供更为精准的指导。这种分类也有助于企业和组织在招聘、培训和晋升等方面作出更加科学合理的决策。

1. 初级应用型人才

初级应用型人才是刚步入相关领域或职业岗位的新手,他们通常已经接受了基础的教育和培训,掌握了基本的理论知识和操作技能,但在实践经验和问题解决能力方面略有欠缺。中等职业教育培养的是掌握一定专业知识和技能的初级应用型人才。[1]初级应用型人才掌握基本工作流程,能够运用所学知识和技能较好地完成本职工作,逐步积累实践经验。通过在实际工作中不断学习和实践,他们将逐步提升自己的能力水平,向中级乃至高级应用型人才迈进。

2. 中级应用型人才

中级应用型人才是在相关人才培养阶段或实际职业岗位中已经拥有一定的实践经验和专业技能的人。他们不仅能够熟练地运用所学知识和技能解决日常工作中遇到的问题,还能够在一定范围内进行创新和优化。中级应用型人才通常具备一定的领导能力和团队协作能力,能够指导和帮助初级应用型人才成长。他们是企业或组织中不可或缺的中坚力量,对于推动项目进展、提升工

---

[1] 杨建基:《中国职业教育发展及其治理体系研究》,中国商务出版社2021年版,第227页。

作效率具有重要作用。

3. 高级应用型人才

高级应用型人才则是在更高的人才培养阶段或实际职业岗位中的佼佼者，他们拥有深厚的理论基础和丰富的实践经验，能够解决复杂问题并引领行业创新。高级应用型人才不仅具备高超的专业技能，还具备卓越的领导力和战略眼光，能够为企业或组织制定长远的发展规划并推动实施，对于推动技术进步、产业升级和社会发展具有重要作用。培养具有较强创新精神和综合素质的高级应用型人才是应用型高等院校的根本目标。

（四）按学科领域分类

1. 工程类应用型人才

工程类应用型人才通常拥有深厚的专业背景和广泛的知识储备，涉射力学、材料科学、电子学、控制理论等多个学科。他们深入理解并熟练掌握工程原理，能够将这些原理灵活应用于实际工作中。这类人才特别注重学科专业知识的深度和系统性，他们不断追求技术的精进和知识的更新，以确保自己在专业领域保持领先地位。他们具备强大的工程系统专业分析能力，能够全面、深入地剖析工程项目的各个环节，识别并解决潜在的问题。工程类应用型人才还具备出色的开发能力和设计能力。他们能够根据实际需求，设计出既符合功能要求又经济合理的工程设备或系统。他们勇于尝试新的技术和方法，不断推动工程技术的进步和发展。在团队合作中，他们注重沟通协调，能够与其他专业人员紧密配合，共同完成项目任务。

2. 信息技术类应用型人才

信息技术类应用型人才，如软件开发工程师和网络安全专家，是现代信息化社会中的核心力量。他们不仅拥有扎实的计算机科学理论基础，还具备高超的编程技巧和系统维护能力，能够迅速响应并解决各种技术难题，为各行各业提供强有力的技术支持和保障。

第一，这类人才对计算机科学理论有深入的理解，包括算法设计、数据结构、操作系统原理、计算机网络等基础知识。这些理论知识为他们提供了强大的支撑，使他们能够在复杂的信息技术环境中游刃有余。第二，编程能力是信息技术类应用型人才的核心竞争力之一。他们熟练掌握多种编程语言和技术框架，能够高效地开发出高质量的软件产品。无论是前端开发、后端服务还是数据库管理，他们都能凭借出色的编程能力完成任务。第三，系统维护能力也是这类人才不可或缺的技能之一。他们熟悉各类操作系统和服务器配置，能够确保信息系统的稳定运行。在系统出现故障或性能瓶颈时，他们能够迅速定位问题并采取相应的解决措施，保障业务的连续性。第四，随着信息技术的飞速发展，新技术、新工具层出不穷。信息技术类应用型人才必须始终保持对新知识的敏感度和探索欲，不断学习和掌握新技术，以适应行业的变化和发展。

3. 管理类应用型人才

管理类应用型人才以其深厚的理论素养、丰富的实践经验、出色的组织协调能力以及卓越的团队合作精神，为企业运营效率的提升提供了有力的支持，使得企业能够更加灵活地应对市场变化。这类人才深刻理解管理学的基本原理和框架，如组织行为学、战略管理、运营管理、市场营销等，能够将这些理论知识灵活地应用于企业的日常管理和决策过程中。他们不仅了解企业的内部运作机制，还能洞察外部市场环境的变化趋势，为企业制定科学合理的发展战略和运营计划。在实际操作中，他们能够根据企业的实际情况，设计出切实可行的管理方案，并带领团队有效执行。他们注重细节管理，确保每一个环节都能够高效、顺畅地运行。

他们还具备出色的组织协调能力,能够调动各方资源,协调各部门之间的关系,确保企业整体目标的顺利实现。

除了实际操作和组织协调能力外,管理类应用型人才还非常注重团队合作和沟通。他们深知团队的力量是无穷的,因此会努力营造一个积极向上、团结协作的工作氛围。他们善于倾听团队成员的意见和建议,鼓励大家共同参与决策过程,从而激发团队的创造力和凝聚力。通过有效的沟通和协调,他们能够解决团队中的矛盾和冲突,确保团队朝着共同的目标前进。

第二节 应用型人才培养的特点

一、强化基础与拓展专业领域相结合

随着社会对人才需求的日益综合化,应用型人才培养必须紧跟时代步伐,实现从培养狭窄对口职业性人才向培养适应社会发展需求的宽口径、复合型人才的转变。这一转变的核心在于强化基础与拓宽专业的有机结合,以培养出更多具有扎实基础、宽广视野和综合素质的应用型人才,为社会的持续发展和进步提供有力的人才保障。

(一)强化基础是应用型人才培养的起点

应用型人才培养从强化基础开始。这一理念贯穿教育的每一个环节,无论是理工科、人文社科还是法学等专业领域,都无一例外地强调了基础的重要性。在教学实践中,高等院校必须高度重视基础学科的教学,确保学生掌握牢固的基础知识体系。这要求高等院校在课程设置、教学内容、教学方法等方面进行全面优化和创新,以满足应用型人才培养的需求。

1. 扎实的学科基础是构建知识体系的基石

任何一门学科都有其独特的理论体系和实践要求,而这些都

建立在深厚的学科基础之上。对于应用型人才而言，只有掌握了牢固的基础知识，才能更好地理解和应用专业知识，进而在职业生涯中展现出应有的能力和潜力。

2. 基础理论学习是培养创新思维和解决问题能力的根本

基础理论不仅提供了学科的基本框架和思维方式，更是激发学生创新思维、培养学生独立解决问题能力的源泉。通过深入学习基础理论，学生能够掌握学科的核心概念和原理，进而在面对复杂问题时能够迅速找到切入点，提出有效的解决方案。

3. 基本技能训练是提升实践能力和职业素养的必经之路

应用型人才培养在注重理论知识传授的基础上，也强调实践技能培养。系统的技能训练，能够让学生掌握专业领域所需的各项基本技能，为其未来的职业发展奠定坚实的基础。

(二) 拓展专业领域是应用型人才培养的必然趋势

在当今这个日新月异的时代，科技的飞速发展、产业的深度融合及市场的多元化需求，共同塑造了一个对人才综合素质和综合能力要求极高的环境。拓宽专业成为应用型人才培养不可逆转的趋势，它不仅是适应市场需求的必然选择，也是推动个人全面发展的重要途径。

1. 拓展专业领域有利于应对复杂多变的行业环境

现代行业的许多问题往往需要综合运用多个学科的知识和方法来解决，如环保技术的创新需要融合化学、生物学等多个领域的知识；金融科技的崛起则离不开计算机科学、经济学和金融学的交叉融合。因此，应拓宽学生的专业视野，使他们掌握跨学科的知识和技能，提升应对复杂多变的行业环境的能力。

2. 拓展专业领域有助于培养学生的创新思维和批判性思维能力

跨学科的学习能够激发学生的好奇心和求知欲，促使他们从不同角度审视问题，发现新的解决途径和创意点。通过多学科学习，学生可以学会批判性地评估各种观点和解决方案，培养独立思考和判断的能力。

3. 拓展专业领域有利于增强学生的就业竞争力和社会适应能力

随着产业的不断升级和转型，许多新兴职业和岗位应运而生，这些岗位往往要求应聘者具备多元化的知识背景和多种技能。拥有跨学科知识和能力的应用型人才往往在就业市场上更具竞争力，他们也能更快地适应不同行业和领域的工作环境，实现个人职业生涯的多元化发展。

二、强化实践能力培养

应用型人才最突出的特点就是实用性，强化实践能力培养是应用型人才培养的核心特点。在当今时代，应用型人才培养的目标应定位于培养实用性基础上的创新性应用型人才。这类人才不仅需要掌握扎实的专业技能，能够在实际工作中迅速上手并展现出卓越的实践能力和动手操作能力，还需要具备强大的适应力，能迅速融入并优化一线工作环境。更为关键的是，他们应当拥有敏锐的创新意识和不屈不挠的创新精神，这是推动社会进步和行业发展的关键动力。创新思维和良好的创新能力将使他们从不同角度审视问题，提出新颖独到的解决方案，以应对复杂多变的挑战。高等院校进行应用型人才培养时应在实践教学过程中注重激发学生的创新思维和创造力，引导他们将所学知识与实际问题相结合，提出新的解决方案和思路。

三、强调教育教学的整体优化

强化整体优化是应用型人才培养的重要特点之一。这一特点体现了对人才培养体系全面、系统、协调发展的追求，旨在通过优化各个环节和要素，如课程体系、教学资源、实践教学环节，以及综合素质教育等，全面提升应用型人才培养质量，为社会输送更多具有扎实实践能力、创新精神和良好综合素质的应用型人才。

（一）课程体系的整体优化

课程体系的整体优化是提升应用型人才培养质量的关键。应用型高校应根据行业需求和学生发展特点，构建科学合理的课程体系。具体做法有：精选课程内容，确保理论与实践的紧密结合；优化课程结构，形成层次分明、相互衔接的课程体系；引入前沿知识和技术，保持课程的先进性和实用性。通过课程体系的整体优化，可以为学生提供全面、系统、深入的学习体验。

（二）教学资源的整体优化

教学资源的整体优化是提升应用型人才培养质量的重要保障。应用型高校应加大投入力度，加强教学设施建设，提高教学设备的现代化水平，注重教学资源的整合与共享，促进校内外教学资源的优势互补和高效利用；还应加强师资队伍建设，提升教师的专业素养和教学能力，为学生提供优质的教学服务。

（三）实践教学环节的整体优化

实践教学是应用型人才培养的核心环节，其整体优化对于提升学生的实践能力和创新能力至关重要。应用型高校应构建完善的实践教学体系，包括教学实验、实习实训、社会实践、创新创业等多个方面。同时，在实践教学环节中，还应注重理论与实践的有机结合，通过项目式学习、案例分析、模拟演练等方式，提高学生的实践能力和解决问题的能力。

（四）综合素质教育的整体优化

综合素质教育的整体优化对于提升学生的综合素质和竞争力

具有重要意义。应用型高校应注重培养学生的思想道德素质、科学文化素质、身心健康素质以及创新创业精神等多方面的综合素质。通过开设丰富多彩的校园文化活动、社会实践活动和创新创业项目等,为学生提供展示自我、锻炼能力的平台。同时,还应加强对学生综合素质的评估和反馈机制建设,引导学生全面发展、个性发展。

四、强化应用型、针对性人才培养

应用型人才培养的核心在于对学生实践应用能力与解决实际问题能力的塑造。强化应用型和针对性人才培养这一特点体现了对人才培养精准定位、紧密对接社会需求以及促进学生个性化发展的追求。

(一)明确应用型定位,强化学生实践能力

应用型人才培养的首要任务是明确其"应用型"定位。这意味着在教育教学过程中,要突出实践环节的重要性,加强学生的动手操作能力、技术应用能力和问题解决能力的培养。高校应通过构建以实践能力为导向的课程体系、实施项目式学习、实习实训等多种教学模式,保证学生能够在真实或模拟的工作环境中学习、实践和成长,确保他们毕业后能够迅速适应工作岗位,有效解决实际问题。

(二)加强针对性培养,满足行业与市场需求

除了明确应用型定位外,增强针对性也是应用型人才培养的重要特点。这要求高校在人才培养过程中,要紧密关注行业动态和市场需求变化,根据不同领域、不同行业对人才的具体要求,调整和优化人才培养方案;并通过引入行业专家参与教学、开展订单式培养、与企业合作共建实训基地等方式,使人才培养更加贴近实际需求,提高学生的就业竞争力和职业发展潜力。

（三）促进学生个性化发展，培养创新型人才

在强化应用型和针对性人才培养的同时，也不能忽视学生的个性化发展需求。每个学生都有其独特的兴趣、特长和发展方向，高校应尊重并鼓励学生根据自身特点进行选择和探索。高校可通过开设多样化的选修课程、提供个性化的学习支持服务、鼓励学生参与适合自身发展的科研活动和创新项目等方式，激发学生的学习热情和潜力，培养具有创新精神和实践能力的应用型人才。

第三节　应用型人才培养目标

培养应用型人才是顺应当今时代发展的需要，它以知识为基础、以能力为重点、以服务为宗旨，注重学生知识、能力、素质的协调发展。[1]应用型人才的培养目标是一个综合性的目标体系，旨在培养具有扎实专业知识、较强实践能力、良好综合素质和创新精神的高素质应用型人才。此培养目标应紧密围绕社会需求，结合高校办学特色与层次，确保所培养的人才能够精准对接服务面向和领域，在实现个人价值的同时，为社会经济的繁荣发展注入强劲动力。

一、知识目标

（一）掌握扎实的专业基础知识

培养应用型人才的基础是确保学生掌握扎实的专业基础知识。这是学生进一步学习和未来在实践中解决问题、进行创新的根基。通过精心设计的课程体系和教学方法，学生应深入理解并熟练掌握与本专业紧密相关的基本概念、方法、原理。只有当学生具备

---

[1] 刘冰、屈冠群：《"双创"视阈下计算机专业应用型人才培养模式研究》，北京工业大学出版社2021年版，第125页。

了这样坚实的知识基础，他们才能在后续的学习和实践中更加游刃有余，为成为高素质的应用型人才奠定坚实的基础。

（二）了解行业前沿动态

在知识目标的框架下，除了掌握扎实的专业基础知识，应用型人才还需具备紧跟行业前沿、洞察动态趋势的能力。随着科技的日新月异和行业的快速变革，新技术、新理念层出不穷，对行业格局和市场需求产生深远影响。高校应注重培养学生敏锐的洞察力，通过多种渠道如学术期刊、行业报告、专业论坛等，及时了解并掌握行业前沿动态和技术发展趋势，帮助学生拓宽视野、增长见识，使他们在未来的工作中保持前瞻性和竞争力，为企业和社会创造更大的价值。

二、能力目标

（一）实践能力

应用型人才的培养，其核心能力目标聚焦于实践能力的深度塑造。通过构建多元化的实践教学体系，包括实验课程、实习实训、校企合作项目等，学生能够亲自动手操作，深入一线工作环境，体验真实的工作流程与挑战。这样的实践经历不仅能够锻炼学生的动手操作能力，还能培养他们的问题解决能力、团队协作精神和创新思维。在持续的项目参与和实战演练中，学生的实践能力得到全面提升，为他们未来在各自领域内成为技术骨干或行业专家奠定坚实的基础。

（二）创新能力

创新能力的培养目标强调学生应具备敏锐的创新思维和勇于探索的精神，能够在实践中敏锐地发现问题，并凭借创新思维提出独到的解决方案。为了培养学生的创新能力，教育体系应融入创新实践课程，鼓励学生参与跨学科、跨领域的项目研究，激发他们的创造力和想象力；组织科技创新竞赛、创业大赛等活动，为学生搭建展示自我、交流思想的平台，让他们在竞争中成长，在合作中创新。

（三）团队合作能力

团队合作能力是与其他人进行交往、共事的能力和显示团体取向的行为能力，它通常表现为与人合作能力、人际关系能力。[1]现代社会中，团队合作已成为完成复杂任务的重要方式。甚至可以说，团队合作已成为推动社会进步和企业发展的关键力量。应用型人才的培养必须注重团队合作能力的塑造。这一目标旨在培养学生良好的沟通协作能力，使其能够在多元化的团队环境中发挥个人优势，共同解决复杂问题。学校通过设计团队合作项目、组织协作式学习活动等，让学生在实践中学习如何有效沟通、协调分歧、共享资源，增强团队凝聚力和整体效能。学校还应注重培养学生的领导力和责任感，使他们能够在团队合作中扮演积极角色，引领团队向共同目标迈进。

三、素质目标

（一）良好的职业道德素质和社会责任感

在培养应用型人才的过程中，学校应注重学生高尚职业道德的养成与社会责任感的培养，这是学生在未来职业生涯中保持竞争力所需的重要软实力。良好的职业道德包括诚信、负责、忠诚、自律、乐于奉献等，这些道德品质，往往是用人单位最看重的，但却也是大学生最容易忽视的。[2]大学生是国家和民族的希望，

---

[1] 菅浩然、常小芳主编：《大学生生涯发展与就业指导》，电子科技大学出版社2019年版，第143页。

[2] 艾卫平、叶耀辉主编：《大学生就业创业指导教程（医药版）》，上海交通大学出版社2021年版，第55页。

他们是否具备社会责任感关系到国家和民族的前途和命运,因而通过高校实践课程对其进行社会责任感教育是十分有必要的。[1]学校应通过进行案例分析、举办专业讲座和开展实践活动等方式,引导学生树立正确的职业观念,了解并遵守行业规范和职业道德准则;还应注重社会责任感的培养,使学生认识到自己作为社会的一员,应积极履行社会责任,关注社会热点问题,参与公益活动,为社会作出积极贡献。这样的素质目标旨在培养出既有专业技能又有高尚品德的应用型人才,为社会的和谐与进步贡献力量。

(二)终身学习能力

在知识爆炸和技术日新月异的时代背景下,终身学习能力是应用型人才必备的基本素质。对于应用型人才而言,这一素质目标尤为重要。终身学习能力是学习者在整个生命周期为了更新知识体系,紧跟社会发展,根据自身认知风格、学习需求、能力差异,而选择正规学习、非正规学习、自我教育等学习方式来不断提高自己的知识、技能和能力,从而最终适应外界环境的持续性个性心理特征。[2]应用型人才应具备强烈的求知欲和自我驱动力,能够持续跟踪行业动态和技术前沿,主动学习新知识、新技能,不断提升自己的专业素养和综合能力。高校应通过构建学习共同体、提供在线学习资源、鼓励自主学习与反思等方式,有效促进学生养成终身学习的习惯,为他们未来的职业发展和人生规划奠定坚实的基础。这样的应用型人才,不仅能够适应时代发展,更能在不断变化的环境中引领创新、推动发展。

---

[1] 赵志勇、马文婷:《高校思想政治课程设计与大学生社会责任感的培养》,载《经济师》2015年第8期,第191~192页。

[2] 张云华:《人才测评:从入门到精通》,上海科学技术文献出版社2021年版,第60页。

第四节　应用型人才需求分析

随着经济的快速发展和产业结构的不断升级，社会对人才的需求日益多元化和专业化。应用型人才以其能够快速适应工作环境、解决实际问题及创造更高价值的独特优势，成为各行各业的热门需求资源。无论是政府机构、企事业单位还是非营利组织，都迫切需要具备扎实专业知识、较强实践能力和良好职业素养的应用型人才来推动各项工作的顺利开展。

一、新兴技术的推动

在当今时代，科技的飞速发展正以前所未有的速度重塑着各行各业的面貌，其中，新兴技术如人工智能、大数据、云计算等更是成为推动社会进步和产业升级的关键力量。这些技术的广泛应用，不仅深刻改变了传统行业的运作模式，还催生了众多新兴业态和就业机会，这让应用型人才成为社会发展之所需。例如，人工智能技术的崛起，要求具备相关专业知识和实践能力的应用型人才参与到算法研发、智能系统设计、数据分析与决策支持等核心环节中来，以推动这一技术在各个领域的应用落地；大数据技术的普及，则使得数据科学家、数据分析师等成为热门职业，这些职业者需要运用统计学、计算机科学等专业知识，从海量数据中挖掘有价值的信息，为企业决策提供科学依据；云计算技术的成熟，则为企业提供了灵活高效的IT（信息技术）解决方案，促使更多企业向云端迁移，进而催生了云计算工程师、云运维专家等新型职业的需求。

新兴技术的快速发展不仅为应用型人才提供了广阔的舞台，也对其专业能力、创新能力以及跨界融合能力提出了更高要求。

未来,随着技术的不断进步和应用场景的不断拓展,社会对应用型人才的需求会持续增长,并呈现出更加多元化和精细化的趋势。

二、产业转型升级的要求

(一)新兴产业蓬勃发展

要想判断一个国家的经济发展得如何,新兴产业是重要的一项标准。[1]在新一轮科技革命和产业变革的浪潮中,以人工智能、大数据、云计算、物联网等为代表的新兴产业迅速崛起,成为推动经济高质量发展的新引擎。这些新兴产业的快速发展对应用型人才的需求产生了深远的影响。

新兴产业对人才的要求往往具有高度的复合性和创新性。它们不仅需要人才具备扎实的专业知识基础,如计算机科学、数据科学、自动化控制等,还要求人才能够跨越学科界限,将不同领域的知识和技能融合应用。尤其是面对快速变化的市场和技术环境,新兴产业更青睐那些具备创新思维、实践经验和持续学习能力的复合型人才。这些人才将成为推动新兴产业快速发展的重要力量,助力企业在激烈的市场竞争中占据先机,实现可持续发展。

(二)传统产业转型升级的迫切要求

在全球化与信息化的双重推动下,传统产业正在经历着深刻的转型升级。推动传统产业转型升级是推进新型工业化的必然要求,探索实践取得初步成效。推进工业化和信息化深度融合、促进传统产业转型升级,是加快转变经济发展方式、实现新型工业化、建立现代产业体系的重要举措,也是推动我国由工业大国向工

---

[1] 杨春丽:《基于专利角度的吉林省新材料产业发展对策研究》,吉林人民出版社 2020 年版,第 107 页。

业强国转变的必由之路。[1]这一过程不单是要求企业提升技术水平和生产效率,更需要其通过创新来重塑产品形态、优化服务体验以及变革商业模式。而这一切的实现,都离不开应用型人才的积极参与。制造业作为传统产业的典型代表,其转型升级尤为迫切。随着智能制造、工业互联网等先进信息技术的不断涌现,传统制造业正逐步向数字化、网络化、智能化方向迈进。这一过程中,掌握智能制造技术、熟悉工业互联网平台运营、具备数据分析和决策支持能力的应用型人才成为企业的宝贵财富。他们能够通过技术创新推动生产流程的优化,提高生产效率和产品质量;通过产品升级满足市场多元化、个性化的需求;通过商业模式变革拓展企业的盈利空间,增强企业的市场竞争力。

对于传统产业而言,引进和培养大量具备专业知识、实践经验和创新能力的应用型人才已成为其转型升级的关键举措,这些人才将成为推动传统产业焕发新生机、实现高质量发展的重要力量。

(三)行业细分下的精准需求

在市场需求日益多样化和个性化的背景下,行业细分趋势愈发显著。不同行业、不同领域在发展过程中形成了各自独特的技术壁垒、市场格局和发展路径,导致对应用型人才的需求也呈现出高度差异化的特点。以金融科技为例,这一领域融合了金融与科技的双重特性,所需人才既要具备扎实的金融理论知识,又需掌握先进的信息技术。因此,熟悉区块链、人工智能、大数据分析等前沿技术,并能将其应用于金融产品创新、风险管理、客户服务等环节的复合型人才成为金融科技行业的抢手资源。新能源领域同样如此,随着全球对环境保护和可持续发展的重视,新能

---

[1] 李悦主编:《产业经济学》(第5版),东北财经大学出版社2022年版,第276页。

源技术如太阳能、风能、储能技术等得到快速发展。该领域对掌握新能源技术原理、熟悉系统设计与运维、了解市场政策与趋势的应用型人才的需求持续增长。他们将在推动能源结构转型、促进绿色低碳发展中发挥重要作用。面对行业细分趋势，应用型人才培养需更加注重精准对接市场需求，针对不同行业、不同领域的特点制定差异化的人才培养方案，以满足市场对具有特定专业技能和创新能力人才的迫切需求。

三、市场发展的需要

（一）需要加大人才供给力度

当前，高等教育与职业教育体系正积极响应市场需求，加大对应用型人才培养的投入与改革力度。通过调整课程设置、强化实践教学与实习实训等措施，力求培养出更多符合市场需求的应用型人才。在此过程中，国家、社会、学校等应统筹协作，积极协调人才培养的周期性与市场需求的即时性之间存在的冲突，缓解短期内市场上面临的人才供给不足的压力。

（二）人才需求的数量和质量日益提高

1. 人才需求数量大

随着经济的快速发展和产业结构的调整优化，各行各业对应用型人才的需求呈现出爆发式增长态势。特别是在人工智能、大数据、云计算等新兴产业领域，由于技术门槛高、应用前景广阔，对专业人才的需求更是达到了前所未有的高度。这些领域的企业为了抢占市场先机，保持竞争优势，纷纷加大人才引进力度，导致市场上对应用型人才的需求持续旺盛。

2. 人才需求质量高

在需求量激增的同时，市场对应用型人才的要求也在不断提高。企业不仅要求应聘者具备扎实的专业知识基础，更看重其实际操作能力、创新思维能力和团队协作精神。随着市场竞争的日益激烈,企业还希望员工能够具备良好的职业素养、沟通能力和自我学习能力,以适应快速变化的市场环境。这些高标准的要求使得企业在招聘过程中更加注重应聘者的综合素质和潜力评估。

第三章
法学专业实践教学改革概述

法学是一门理论与实践紧密结合的学科,其教育体系中的实践教学环节尤为重要,本章将深入分析这一核心议题。首先对法学专业实践教学的概念和特点进行阐释,随后进一步探讨法学专业实践教学的原则,为后续的实践教学改革奠定理论基础。随着时代的发展,进一步完善实践教学改革已成为提升法学教育质量、培养高素质法律人才的关键措施,其实施背景和必要性将在本章中得以充分展现。本章最后聚焦法学专业实践教学改革的具体内容,为法学教育的未来发展提供新的思路与方向。

第一节 法学专业实践教学的概念和特点

一、法学专业实践教学的概念

法学专业实践教学是在传统教育的基础上,为配合法学专业理论的教学而进行的与课堂教学、理论教学、教师讲授相对应的一种教学模式。[1]具体而言,法学专业实践教学是指在法学教育过程中,通过模拟或真实的法律实践环境,让学生将所学的法学理论知识应用于解决实际问题的教学活动。法学专业实践教学包

---

[1] 李延忠编著:《实践育人创新研究》,北京理工大学出版社2013年版,第47页。

括课堂内的实践教学和课堂外的实践教学,它是以培养法律实用型人才为目标的各种教学方法的有机整体,[1]主要包括案例分析、社会调查、社会实践、模拟法庭、法律咨询、法律诊所、法院旁听与公检法部门实习及法律援助等环节,旨在培养学生的法律思维、法律职业道德和解决实际法律问题的能力。

(一)课堂内实践教学

课堂内实践教学为学生提供了将理论知识转化为实践能力的平台。学校通过案例分析、模拟法庭和法律诊所等一系列精心设计的教学活动,为学生提供了丰富的实践机会和平台,让学生在模拟的法律环境中深入探索、分析和解决法律问题;通过课堂内实践教学加强学生对理论知识的理解和运用,培养学生的问题意识,提高学生综合运用知识的能力,[2]培养其必要的法律实践技能。

(二)课堂外实践教学

课堂外实践教学是相对于课堂内而言的,它主要发生在教室以外的环境中,包括实习单位、社会机构等,又称为第二课堂教学[3]。这种教学模式以实践为核心,通过具体的项目、任务或活动,让学生在实际操作中巩固和应用所学知识,培养解决实际问题的能力。对于法学专业学生而言,这通常意味着他们有机会走出教室,深入到法律实务部门和社会基层,通过亲身参与和体验,将所学的法律知识应用于实际情境中。课堂外实践教学的主要形

---

[1] 李延忠编著:《实践育人创新研究》,北京理工大学出版社2013年版,第48页。

[2] 王小鹤:《系统论视角下教师职前培养体系研究》,吉林大学出版社2022年版,第72页。

[3] 唐波等:《面向"智慧城市"的教育——论国际金融、航运法律人才的培养模式》,上海人民出版社2012年版,第154页。

式、内容及作用具体见表 3-1。

表 3-1 课堂外实践教学的主要形式、内容及作用

形式	内容	作用
法律实务部门实习	学生会被安排到法院、检察院、律师事务所等法律实务部门进行实习	这些单位为学生提供了直接接触法律实践的平台，使他们能够深入了解法律职业的真实面貌，更好地理解法律职业的道德规范和职业操守
法律实务部门实习	在实习期间，学生将参与实际的法律工作，如案件整理、法律文书撰写、庭审旁听、协助律师办案等	这些实践活动有助于学生将课堂上学到的理论知识与实际操作相结合，提升自身的法律实践能力，培养法律思维和判断能力
社会实践活动参与	学生可以通过参与法治宣传活动，如法律知识讲座、法律咨询、法律宣传册发放等，向公众普及法律知识，提高公众的法律意识	这种活动不仅有助于提升学生的沟通能力和组织协调能力，还能增强他们的社会责任感和使命感
社会实践活动参与	在法律诊所等平台的支持下，学生可以为弱势群体提供法律援助服务	通过代理真实案件或参与调解工作，学生可以直接面对法律实践中的挑战和问题，锻炼自己的法律实务能力和解决问题的能力；这种实践活动也有助于学生树立正确的价值观和职业观

二、法学专业实践教学的特点

法学专业实践教学是法学教育的重要组成部分，是应用型人才培养的核心途径，具有自身鲜明的特点，具体如图3-1所示。通过实践教学，学生可以更好地掌握法学专业知识，提高解决实际法律问题的能力，为未来的职业生涯打下坚实的基础。

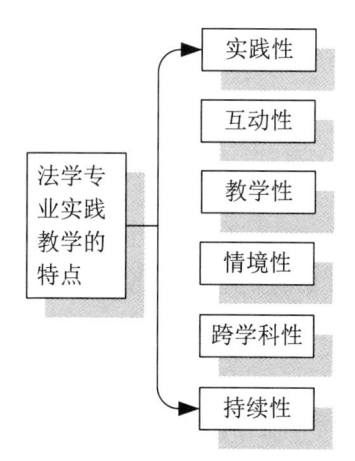

```
                    ┌─► 实践性
                    │
                    │   互动性
                    │
法学专业实践          │   教学性
教学的特点      ─────┤
                    │   情境性
                    │
                    │   跨学科性
                    │
                    └─► 持续性
```

图3-1　法学专业实践教学的特点

(一) 实践性

实践性是法学专业实践教学的最显著特征，它打破了教室与法庭、书本与现实的界限，让学生得以在理论与实践的交融中实现全面发展。实践教学是连接理论知识与实际操作的桥梁。在课堂上，学生接触的是抽象的法律概念、原则和条文，这些知识虽然构成了法律大厦的基石，但若缺乏实践的磨炼，便难以内化为解决实际问题的能力。通过实践教学，学生能够将所学理论应用于具体实践，使知识在解决实际问题中焕发出生机与活力。

为了让学生更好地适应未来的法律工作，实践教学应尽量还原真实的法律环境或让学生直接参与真实实践。例如，在模拟法庭、法律诊所、法院等环境中，学生可以直接参与案件审理、法律文书撰写、法律咨询等法律工作。在这样的环境中，学生可以亲身体验案件审理的全过程，从收集证据、分析案情到撰写法律文书、参与庭审辩论，他们需要面对各种复杂多变的法律问题，并需要运用所学知识提出解决方案，每一个环节都是对其法律素养和实际操作能力的全面考验。这种亲身体验能让学生感受到法律职业的严肃性和挑战性，帮助他们更好地理解法律程序的运作机制和法律规则的实际应用。

（二）互动性

与传统的课堂教学相比，实践教学更加注重教学的互动和交流。实践教学的互动性是其独特魅力所在。通过师生互动、生生互动及学生与实践对象的互动，实践教学不仅增强了学生的学习兴趣和积极性，还促进了他们对法律知识的深入理解和应用。

1. 师生互动的引导与启发

在实践教学中，教师由单纯的知识传授者转变为辅助者和指导者。他们通过设计教学活动、提出问题、引导讨论等方式，激发学生的学习兴趣和探索欲望；教师还会根据学生的表现给予及时的反馈和指导，帮助他们纠正错误、完善思路。这样的师生互动营造了一种积极向上的学习氛围，促进了知识的传递和技能的学习。

2. 生生互动的协作与竞争

实践教学鼓励学生之间的合作与交流。在小组讨论、案例分析、模拟庭审等活动中，学生需要共同面对问题、分析案情、提出解决方案。这种生生之间的互动培养了学生的团队协作能力和竞争意识。在相互学习和借鉴的过程中，学生们能够发现彼此的优点和不足，进而不断完善自己的法律知识和技能。

3. 学生与实践对象的互动：模拟与现实的转换

实践教学还为学生提供了与实践对象互动的机会。在模拟法庭中，学生可以与模拟的当事人、律师、法官等角色进行互动，体验真实的法律程序；在实习过程中，他们则可以与真实的客户、法官、检察官等法律从业者交流，了解法律实践的前沿动态和实际需求。这种与实践对象的互动，为学生搭建了从理论到实践的桥梁，使他们能够更好地适应未来的法律工作。

（三）教学性

实践教学作为一种教学方式和手段，在法学教育中发挥着重要作用。它通过模拟或真实的法律实践环境，为学生提供一种直观、生动的学习体验，激发了学生的学习兴趣和动力。

1. 实践教学的教学性是教育本质的体现

实践教学的重点在于实际操作和问题解决，但其核心仍然是一种教学方式和手段，旨在通过特定的环境和方法来促进学生的学习和发展。在法学教育中，实践教学通过模拟或真实的法律实践环境，为学生构建了一个理论与实践相结合的学习平台，使其学习过程更加直观、生动且富有成效。

2. 激发学生的学习兴趣与动力是教学性的集中体现

实践教学的教学性还体现在其能够激发学生的学习兴趣和动力上。由于实践教学注重学生的参与和体验，学生能够在实践中获得学习的乐趣和成就感。他们不再是被动接受知识的听众，而是成为主动探索、积极学习的主体。这种学习方式的转变，极大地提高了学生的学习积极性和主动性，使他们更加愿意投入时间和精力去学习和研究法律知识。

（四）情境性

实践教学的情境性特征让法学教育能够更加贴近实际情况。这一特性强调将学生置于特定的模拟或真实的法律实践情境中，要求他们运用所学知识进行操作、分析和决策,帮助他们提高实战能力,增强他们的应变能力和综合分析能力。通过诸如模拟法庭和实地考察等实践形式,学生能够在特定的法律实践情境中学习和应用法律知识,提高自己的实践能力和综合素质。

1. 模拟法庭：法律实践的微缩版

模拟法庭是实践教学情境性特征的一个典型体现。在这个微缩的法律世界中,学生扮演不同的法律角色,如法官、检察官、律师、当事人等,通过模拟案件审理的全过程,亲身体验法律工作的复杂性和挑战性。在模拟法庭中,学生需要根据案件事实、法律条文和证据材料进行分析、推理和辩论,最终作出合理的判决或提出有效的辩护意见。这一过程不仅锻炼了学生的法律思维和表达能力,还培养了他们的实战经验和应变能力。

2. 实地考察：法律实践的真实体验

除了模拟法庭,实地考察也是实践教学情境性特征的重要体现。通过参观法院、检察院、律师事务所等法律机构,学生可以直接接触法律实践的前沿动态和实际需求。在实地考察中,学生可以观察法律职业者的日常工作状态,了解法律程序的实际运作机制,甚至有机会参与一些简单的法律事务处理。这种真实的法律实践体验,不仅让学生更加深入地理解了法律条文背后的法律精神和原则,也提高了他们应对复杂法律问题的能力。

(五) 跨学科性

跨学科性是指实践教学打破了传统法学教育的学科壁垒,拓宽了学生的知识视野,促进了法学与其他学科的交叉融合,为学生提供了更加丰富、多元的学习资源和机会,使他们能够更全面地理解法律现象和法律问题。在这一特征下,多学科知识的运用培养了学生的综合思维能力,使学生能够从多个角度、多个层面来审视和分析问题,作出更加合理、科学的决策。

1. 实践教学的跨学科融合

实践教学在法学教育中的跨学科性是其独特价值的重要体现。法学作为一门综合性学科，其研究和实践领域广泛，涉及社会、经济、政治、文化等多个方面，在法律实践教学中，不可避免地要融入其他相关学科的知识和技能。

2. 多学科知识的综合应用

在实践教学中，学生在运用法学专业知识的同时，还要结合经济学、社会学、心理学、逻辑学等多个学科的知识来分析和解决问题。例如，在模拟法庭中，学生不仅要熟悉法律条文和诉讼程序，还要运用逻辑学的方法进行案件推理，运用心理学的知识来洞察当事人的心理状态，等等。这种多学科知识的综合应用培养了学生的综合思维能力和问题解决能力。

（六）持续性

实践教学的持续性是指它贯穿学生的整个学习生涯，实践教学的持续不断开展，能够帮助学生更加深入地理解法律知识，掌握法律技能，培养职业素养，为未来的职业生涯奠定更为坚实的基础。

1. 课堂内外的无缝衔接

实践教学的持续性首先体现在课堂内外的无缝衔接上。在课堂上，教师通过多样化教学手段，引导学生将理论知识与实践操作相结合，初步培养他们的法律思维和解决问题的能力；在课堂外，学生则通过实习实训、志愿服务等多种方式，深入法律实践一线，亲身体验法律工作的真实环境和流程。

2. 实践教学的长期伴随性

第一，实践教学不是一个短暂的、孤立的教学环节，而是贯穿法学教育的始终，对学生的学习和成长有重要的促进作用。从初涉法学的启蒙阶段，到法学知识和技能的熟练掌握，再到最终步入社会成为法律从业者,实践教学始终如一地陪伴着学生的学习和成长,促进他们的全面发展。

第二,实践教学的持续性还体现在它贯穿学生的整个学习生涯。无论是本科阶段的基础法学教育,还是研究生阶段的深入研究,实践教学都是不可或缺的一部分。随着学生学术水平和专业技能的提升,实践教学的难度和深度也会相应增加,以适应学生不断变化的学习需求和发展目标。实践教学还与学生的职业生涯规划紧密相连,为他们未来的法律工作提供宝贵的经验和指导。

3. 对学生职业生涯影响深远

实践教学的持续性还体现在对学生职业生涯的深远影响上。实践教学为学生提供了将理论知识应用于解决实际问题的机会,使他们能够在实践中发现自己的兴趣和优势所在。通过参与各种模拟法庭、法律诊所、法律援助项目等,学生能够亲身体验法律工作的多样性和复杂性,更加清晰地确定自己适合从事的法律领域或职业方向;并能够深入了解法律职业的伦理规范和道德要求,培养自己的正义感、责任感和同情心。这些品质将伴随学生整个职业生涯,成为他们赢得社会尊重和信任的重要基石。实践教学还能为学生提供丰富的实践经验和人脉资源,为他们未来的职业发展提供更多的机会和可能性。

第二节 法学专业实践教学的原则

一、目标明确化原则

目标明确化原则是法学专业实践教学中的一项基本原则。它强调任何实践教学活动都应当有清晰、具体且符合法学专业人才培养目标的教学目的,以确保教学活动能够满足学生的成长和社会发展需求。

(一) 要明确教学目标

明确的教学目标不仅是实践教学活动的指南针，也是评估教学效果的重要标准。它能帮助教师清晰地认识到每一项教学活动的意图和期望成果，有针对性地设计教学内容、方法和评估方式。

(二) 实践教学目标与法学专业人才培养目标相契合

在设定实践教学目标时，必须紧密围绕专业人才培养的总体目标，强调应用型人才培养。实践教学目标应是培养具有扎实法学理论基础、良好职业道德素养和较强实践能力的应用型法律人才。这意味着，实践教学目标不仅要关注学生对法律知识的掌握程度，更要关注他们运用法律知识解决实际问题的能力，以及他们在法律职业中所需具备的综合素质。

二、系统化原则

实践教学作为培养学生法律实践能力与职业素养的关键环节，其有效实施离不开系统化原则的指导。这一原则具体是指学校在教学内容构建、教学方法与手段选择以及教学评估与反馈等方面都坚持系统化的理念与原则，构建一个完整、有序、相互衔接的教学体系，以确保学生实践技能的培养具有连贯性和系统性，避免教学内容的碎片化与孤立化，为培养具有扎实法学理论基础和较强实践能力的应用型法律人才提供有力保障。

(一) 教学内容构建遵循系统化原则

1. 层次分明的教学阶段划分

根据法学专业教学特点和要求，可将实践教学划分为基础技能训练、专业技能训练、综合技能训练等阶段。每个阶段都要设定明确的教学目标、内容和要求，以确保学生在逐步深入的学习过程中，能够系统地掌握法律实践所需的各项技能。

2. 相互衔接的教学内容

不同阶段的教学内容应相互衔接、层层递进。基础技能训练为后续的专业技能训练和综合技能训练打下基础，而专业技能训练则进一步巩固和深化基础技能，为综合技能的形成提供支撑。这种教学内容的设计，有助于学生在整体上形成对法律实践技能的全面认识与掌握。

(二) 教学方法与手段应用遵循系统化原则

1. 多样化的教学方法

为了实现实践教学的系统化，应采用多样化的教学方法，如案例教学、模拟教学、项目教学等。这些教学方法各有特点，能够从不同角度、不同层面促进学生对法律实践技能的理解与掌握。教学方法的多样化也有助于激发学生的学习兴趣和积极性，提高教学效果。

2. 整合性的教学手段

在信息化时代，应充分利用现代信息技术手段，在线教学平台、虚拟仿真实验室等，将传统教学手段与现代信息技术手段相结合。这种整合性的教学手段能够打破时间和空间的限制，为学生提供更加丰富、便捷的学习资源和实践机会，进一步促进实践教学的系统化发展。

(三) 教学评估与反馈遵循系统化原则

系统化原则能够确保评估过程全面覆盖实践教学的各个环节，通过科学的方法和标准，精准衡量学生的学习成效和教学质量。反馈机制则基于这些评估结果，及时揭示教学中的亮点与不足，为教学计划的调整和优化提供有力依据。这种系统化的评估与反馈流程，不仅能促进教学资源的优化配置，还能激发教师持续改进教学方法的热情，确保教学活动始终贴近实际需求，为学生实践能力的全面发展奠定坚实基础，有助于形成良性循环，推动法学专业实践教学质量的持续提升。

三、可操作性原则

法学专业实践教学的核心目的之一是锻造学生的实战应用能力。在应用型人才培养的视角下,其实践操作的要求尤为严苛。让学生在严苛的要求下像平时那样学习,关键在于教学活动必须具备高度的可操作性。若实践教学沦为空谈,缺乏具体实施的路径,便无法保障学生将所学知识和技能学以致用,指导未来实践。唯有确保教学活动可落地、可操作,方能让学生在实践中锤炼技能,真正实现知识与能力的深度融合。

(一)建设可操作性强的实践教学管理机构

实践教学的有效运作,离不开健全且具有可操作性的管理机构作为支撑。此机构应彻底摆脱传统理论教学的束缚,以实践为导向,确保实践教学的顺利实施。高校需建立及完善一套高效运转的实践教学管理体系,由一支由实践经验丰富的教师组成的精英团队领衔,其规模依据学生数量灵活调整。实践教学管理机构的成员需具备扎实的法学实践素养,拥有丰富的法律实践经验,如通过国家司法考试并从事过律师等法律工作,以便将实践经验融入教学之中。为进一步提升实践教学的实效性,高校还应积极引入校外资源,聘请具有丰富法律实践经验的法官、检察官等担任兼职教师,他们独到的法律应用经验和深刻的行业洞察,将为实践教学带来鲜活的案例与前瞻的视角,使教学更加贴近实际,增强实践教学的可操作性和实效性。

(二)构建可操作性强的实践教学方法体系

在法学专业实践教学中,为有效培养应用型人才,教学方法的选择与实施必须紧密围绕法律实务能力的培养。教学方法需摒弃空洞与形式化,转而追求务实与高效;教学方法应相互衔接、层层递进，共同构成一个可操作性强的实践教学方法体系。具体而言，这一体系应从基础到高级，逐步深化学生的实践能力。下面举例进行说明：

实践教学方法体系设计

一、基础认知阶段：实地观摩法

1. 目标

建立学生对法律实践环境的初步认知，激发学习兴趣。

2. 实施步骤

组织安排：与当地公检法机关及知名律师事务所建立合作关系，确保实地观摩的顺利进行。

现场讲解：邀请资深法律从业者作为向导，边参观边讲解各部门职能、工作流程及法律实践中的常见问题。

互动交流：设置问答环节，鼓励学生提问，增强学生的互动性和参与感。

总结反思：观摩后组织小组讨论，分享个人感受，引导学生思考法律实践与社会生活的联系。

二、理论联系实践阶段：案例教学法

1. 目标

通过真实或模拟案例，帮助学生将理论知识应用于解决实际问题。

2. 实施步骤

案例选取：精选具有代表性、争议性的法律案例，确保案例贴近实际、覆盖广泛。

案例分析：引导学生运用所学法律知识，从多个角度分析案例，培养法律思维。

角色扮演：部分案例可采用角色扮演方式，让学生模拟案件

当事人、律师、法官等角色,深入体验法律程序。

总结汇报:各组展示分析成果,教师点评,强化理论与实践的结合。

三、团队协作能力与批判性思维培养阶段:分组讨论法

1. 目标

通过团队协作,提升学生的批判性思维和沟通能力。

2. 实施步骤

分组设计:根据学生兴趣和能力均衡分组,确保每组都有不同背景的学生。

议题设定:围绕法律实务中的热点、难点问题设定讨论议题。

讨论过程:鼓励学生自由发言,提出见解,同时学会倾听和尊重他人意见。

成果展示:各组形成讨论报告或PPT,进行公开展示,接受师生点评。

四、综合能力提升阶段:模拟法庭教学法

1. 目标

在模拟法庭环境中,全面锻炼学生的法律综合运用能力。

2. 实施步骤

角色分配:学生分别扮演法官、检察官、律师、当事人等角色。

案件准备:学生根据模拟案件材料,准备法律文书、证据材料等。

模拟庭审:严格按照法庭程序进行模拟庭审,教师及观摩学生作为陪审团成员或旁听人员。

反馈评估:庭审结束后,教师及观摩学生给予反馈,指出亮点与不足。

五、实践能力提升阶段：当事人教学模式

1. 目标

学生在研究当前热点问题的基础上，以当事人的身份或当事人代理人的身份启动相关法律程序，并通过各种途径推动相关法律问题的解决，提升实战能力。

2. 实施步骤

案例筛选：选取适合学生参与的案件类型，如民事纠纷调解、法律援助等。

角色代入：学生作为当事人的代理人或法律顾问，全程参与案件处理。

实战操作：在教师的指导下，学生负责案件调查、证据收集、法律文书撰写等工作。

经验分享：案件结束后，组织学生进行经验分享，总结得失。

六、职业素养提升阶段：实习教学法

1. 目标

通过实习，全面提升学生的法律职业素养。

2. 实施步骤

实习单位选择：与多个法律实务部门建立合作关系，为学生提供多样化的实习岗位。

实习指导：指派实习导师，负责学生的日常管理和业务指导。

实习任务：明确实习目标和具体任务，确保学生能在实习中有所收获。

实习评估：实习结束后，由实习单位、导师及学生本人共同进行实习评估，总结实习成果。

四、实践教学方法与技能训练目标相匹配原则

在法学专业实践教学中,实践教学方法与技能训练目标相匹配是确保教学效果的关键。这一原则要求教学方法的选择与设计必须紧密围绕技能训练目标,确保学生在实践过程中能够有效提升所需的法律职业能力。

第一,要明确法学专业实践教学的技能训练目标,明确的目标能够为教学方法的选择提供明确的指导方向。这些目标通常包括提升学生的法律思维能力、法律文书写作能力、法律问题解决能力、法律职业道德素养等。

第二,要确保教学方法与技能训练目标相匹配,需要注意以下几点,具体见表3-2。

表3-2 匹配教学方法与技能训练目标的几点注意

注意内容	具体解释	举例说明
针对性	教学方法的选择应具有针对性,能够直接针对技能训练目标开展训练	针对法律思维能力的训练,可以选择案例分析方法,通过引导学生分析具体案例来培养其法律思维能力
综合性	对于一些综合性的技能训练目标,如提高学生的法律问题解决能力,需要采用多种教学方法开展综合训练	可以结合案例分析、模拟法庭和法律诊所等多种方式,使学生在多种实践环境中得到全面的锻炼
递进性	教学方法的设计应具有递进性,能够按照技能训练目标的难易程度逐步深入	从基础的法律知识传授到复杂的法律问题解决,教学方法应随着技能训练目标的提升而不断调整和优化

五、技能训练与人格培养相统一原则

技能训练与人格培养相统一原则是法学专业实践教学的核心原则。这一原则强调,法学专业实践教学不能只注重法律技能的培养,更需注重对学生法律职业道德与人格素养的塑造。法律人才必须具备深厚的法律知识、广泛的社会常识及高尚的职业道德,方能真正胜任法律职业,为社会带来正面影响。高等院校应当充分认识到技能训练与人格培养相统一原则的重要性,将培养学生的法律职业道德修养作为实践教学的核心目标之一。通过构建科学合理的实践教学体系,将技能训练与人格培养有机结合起来,为社会培养更多既有精湛法律技艺又有高尚职业道德的法律人才。

法律职业道德是法律职业的灵魂,它关乎法律的公正性、权威性和社会的和谐稳定。一个缺乏职业道德的法律人,即便拥有再精湛的法律技艺,也可能成为社会的危害。因此,法学教育必须将培养学生的法律职业道德放在首位,使之成为实践教学的核心目标之一。通过引导学生参与法律实践活动,培养其诚信、公正、负责等优秀品质,塑造其健康、积极的法律人格。

第三节 法学专业实践教学改革的背景和必要性

一、法学专业实践教学改革的背景

(一)法律环境的变化

随着全球化浪潮和信息技术的不断发展,法律环境正经历前所未有的深刻变化。法律环境的变化要求法学专业实践教学必须进行改革,以适应法律领域的新要求。

1. 经济全球化的影响

经济全球化促使跨国经济活动和国际贸易频繁发生,这让具

有国际视野的法律专业人士越来越成为抢手资源。这类法律从业者不仅精通本国法律,还熟悉国际法律规则、国际贸易惯例及跨国诉讼和仲裁程序。各国之间的法律交流也变得日益频繁。这包括法律制度的比较研究和法律文化的交流与融合。法律从业者具备开阔的国际视野和跨文化交流能力,才能更好应对跨国法律事务中的文化差异和冲突。为了适应新形势的发展,法学专业实践教学改革必须强化国际法、国际贸易法、国际投资法等领域的实践训练,增设国际法律交流项目、模拟国际法庭等活动,让学生在实践中体验不同法律体系的运作,增强跨文化沟通与合作的能力,以满足市场对复合型法律人才的需求。

2. 法律技术的革新

信息技术的飞速发展正在改变法律实践的内容与方式。电子化文档、智能合约、在线仲裁等新兴技术不断涌现,为法律工作带来了前所未有的便利和挑战。法律从业者需要掌握现代法律技术,提高工作效率和准确性。实践教学改革应紧跟时代步伐,引入法律科技教育,如电子证据收集与分析、法律文书自动化等,培养学生的数字法律素养。

(二)经济发展的驱动

随着社会主义市场经济的深入发展和经济结构的不断优化,各行各业对法律人才的需求也在不断变化,对法学专业实践教学提出了新的要求。随着市场经济的繁荣,经济活动日益复杂多样,涉及的公司并购、知识产权保护、国际贸易争端等法律问题层出不穷。这些复杂的经济活动要求法律从业者不仅具备扎实的法学理论功底,还要有丰富的实践经验和应对复杂问题的能力。经济领域的快速发展催生了大量的法律服务需求,如合规管理、风险管理等职业的兴起。这些职业对法律人才提出多元化和专业化的要求,需要他们具备跨学科的知识结构和解决实际问题的能力。

实践教学改革应根据市场需求调整课程设置和教学内容，提供多样化的实践机会，帮助学生确定适合自己的职业发展方向。

（三）法学教育改革的需要

1. 教育理念的更新

随着时代进步，教育理念正经历深刻变革，现代教育体系愈发聚焦学生的全方位成长，不仅注重传授知识，更重视能力塑造与价值观培养。法学教育亦不例外，正逐步改变传统式教学，转而拥抱学生主体、实践导向与终身学习的新理念，旨在通过丰富的实践活动与形式，让学生亲历法律实践，在掌握理论知识的同时，锻炼独立思考及解决实际法律问题的能力。不过，当前法学教育在实践教学环节的强化上仍显不足，需增加学生接触真实案例、参与法律实务的机会，进一步加大改革力度，以促进法学教育与时代需求更加紧密对接。

2. 需要对实践教学的课程设置进行系统规划

高校应加强实践教学，提升学生的实践能力与职业素养。为此，高校亟须对法学专业的实践教学课程进行全面且系统的规划，确保理论与实践并重，构建一个既扎实理论基础又强化实践能力的课程体系，以培养出适应社会需求的复合型法律人才。

3. 学校应适当增加实践教学的时间

高校法学专业实践教学主要是由多个主体相互配合、进行互动来实施的，注重的是学生的参与度和对理论知识运用的过程性，这种复杂性与互动性要求学校必须给予实践教学充分的时间保障，以确保每位学生都能深入参与并有效运用所学理论。但当前高校法学专业实践教学中，时间不足的现象依然存在，成为影响实践教学效果的一大因素。以模拟法庭这一实践教学模式为例，其深受学生喜爱，却因实施要求高、时间需求大而面临诸多挑战。高年级学生，虽已积累一定法律知识与技能，却往往被毕业论文与实习任务缠身,难以腾出足够时间参与模拟法庭的筹备与演练。而低年级学生,虽对实践充满热情,却因知识储备与技能水平尚显不足,难以胜任模拟法庭中的关键角色,导致活动难以顺利开展。而模拟法庭中学生角色的有限性,使得在有限时间内,多数学生只能旁观而无法亲身体验,这在一定程度上就削弱了实践教学的覆盖面与实效性。

学校应深刻认识到实践教学时间保障的重要性,通过优化课程安排、调整教学计划、增加实践教学课时比重等方式,为法学专业实践教学提供充足的时间支持;还应探索实践教学新模式,运用现代信息技术手段,如在线模拟法庭、虚拟法律诊所等,弥补传统实践教学在时间与空间上的局限,让每位学生都能在丰富的实践活动中得到充分的锻炼与提升。

(四) 国际法学教育趋势的影响

随着全球化进程的加速和国际交流的日益频繁,国际法学教育趋势对我国法学教育产生了深远影响,促使我国法学教育必须深化改革,以适应国际法学教育的新趋势,培养具有国际视野、创新精神和实践能力的法律人才。

1. 国际法学教育趋势推动我国法学教育改革

面对国际法学教育的不断发展,我国法学教育必须主动适应、积极变革。一方面,我们需要借鉴其他国家的成功经验,加强实践教学环节的设置和实施,提高实践教学的质量和效果。另一方面,我们还要结合我国的国情和法学教育的实际情况,探索适合我国法学教育的实践教学模式和方法。例如,可以加强与法律实务部门的合作,建立实习实训基地,为学生提供更多的实践机会;还可以引入国际先进的教学理念和教学方法,以激发学生的学习兴趣和主动性。

2. 实践教学成为国际法学教育的重要共识

美国、德国等欧美国家在法学教育中普遍强调实践教学的重要性，将实践教学视为提升学生综合素质和职业能力的重要途径。这些国家通过模拟法庭、法律诊所等多种实践教学形式，让学生在模拟或真实的法律环境中学习、实践和成长，培养了学生的法律思维和逻辑推理能力，让学生在实践中掌握法律实务技能，为未来的职业生涯奠定了坚实的基础。

二、法学专业实践教学改革的必要性

（一）能够有效促进社会主义法治国家建设

法学专业实践教学改革的最终目的是为法治国家建设培养高素质、应用型法律人才，这不仅是教育领域的革新需求，更能为法治中国建设输送源源不断的综合性法律人才。当前，我国正处于推进全面依法治国的新时代，不仅要求法律体系的不断完善，更呼唤着一支能够深刻理解法治精神、熟练运用法律武器、有效服务国家治理的法律人才队伍。实践教学改革正是响应这一时代需求的法学教育改革举措。它打破了传统法学教育重理论轻实践的格局，将法律知识的学习与法律实践紧密结合，使学生在掌握扎实法学理论的同时，能够具备解决实际法律问题的能力。这种"知行合一"的教学模式提升了学生的专业素养，培养了学生的法治思维和社会责任感，使他们能够迅速适应法治社会建设的需要，成为推动法治进程的重要力量。

（二）能够满足社会对应用型法律人才的需求

实践教学改革不仅是法学教育自身发展的需要，更是满足社会对应用型法律人才需求的重要途径。在法治社会的快速发展与法律制度的精细构建下，社会对法律人才的需求格局正发生深刻变化。传统的法学专业人才培养模式在面对复杂多变的法律实践时，往往显得力不从心。现代社会对法律人才的要求，已远不止对理论知识的掌握，而是强调"知识+技能"并重。实践教学改革的应运而生，正是对这一社会需求变化的积极响应。它打破了理论与实践之间的壁垒，通过模拟真实法律场景、引入实际案例教学、加强法律实习实训等方式，让学生在校期间就能深入接触法律实务，积累宝贵的实践经验。这种"学以致用"的教育理念的贯彻落实，使得学生不仅能够扎实掌握法学理论，更能在实践中灵活运用，成长为具备强大实际操作能力的综合性法律人才。

实践教学改革的重要意义在于，它有效缩短了法学教育与职场需求之间的距离。学生在校期间通过参与各种实践教学活动，能够提前适应职场环境，掌握工作所需的各项技能。这样一来，当他们踏入社会时，就能迅速融入工作环境，减少用人单位的岗前培训成本，同时也大大缩短了个人的职业适应期。这种"无缝对接"的人才培养模式，不仅提升了法学教育的社会认可度，更为社会输送了大量急需的应用型法律人才。

（三）能够有效提升法学教育质量

实践教学改革是法学教育质量提升的重要途径，也是培养应用型法律人才的关键手段。高校应当继续深化实践教学改革，加强实践教学环节的建设和管理，进一步提升法学专业教学质量。法学作为一门社会科学，其生命力在于与社会实践的紧密结合。实践教学通过让学生深入社会、接触实际案件，将书本上的法律条文与现实生活中的法律问题紧密结合，使他们能够直观感受到法律在社会生活中的作用和价值，更加深刻地理解法律的本质和精神，并在解决实际问题的过程中锻炼了专业能力、创新能力和问题解决能力。这种"做中学、学中做"的教学方法，有助于学生对专业知识的全面掌握和深入理解，以及法律思维和职业素养的养成，使他们能够更好地适应社会的需求。

(四) 能够为学生提供直面法律实践、感受法律精神的宝贵机会

在法律实践中,学生不仅能够接触到真实的案件,更能深切体会到法律所承载的公平正义和社会责任。这种直观的感受和深刻的体验,远非书本知识所能替代。它让学生明白,作为法律人,不仅要精通法律条文,更要具备高尚的职业道德和坚定的法律信仰。只有这样,学生才能在复杂多变的法律实践中保持清醒的头脑,作出正确的判断和决策。

(五) 能够有效提升学生的综合素质

在法律实践中,学生需要面对各种各样的人和事,需要处理复杂多变的法律关系和社会关系。这种综合性的挑战,要求学生具有敏锐的洞察力、良好的沟通能力和团队协作精神等综合素质。而实践教学正是培养这些素质的最佳途径。通过实践中的锻炼和积累,学生能够不断提升自己的综合素质,为将来从事法律职业打下坚实的基础。

例如,在职业道德素质方面,实践教学改革有助于学生在实践中提升法律职业道德素质。法律职业道德不是空洞的口号,而是需要通过实际行动来体现和证明的。在法律实践中,学生需要参与案件处理、法庭辩论、社会法律服务等活动。这些活动不仅考验着学生的专业知识和能力,更考验着他们的职业道德和操守。通过实践中的不断磨炼和反思,学生能够逐渐认识到职业道德的重要性,并将其内化为自己的行动准则。这种内化过程,是任何理论说教都无法比拟的。

第四节　法学专业实践教学改革的内容

一、完善高校法学专业实践教学的课程体系

高校法学专业的人才培养目标是培养综合型高素质的法律专

业人才,这决定了法学专业课程不能只停留在课本表面,而是要让学生接受系统的实践训练,进而提升学生的法律专业能力以及专业素养。完善高校法学专业实践教学的课程体系是当前法学教育改革的重要内容之一。通过强化实践教学比重、构建科学完善的实践教学体系、制定规范教学大纲、纳入学分管理体系、协调课堂与实践教学以及注重综合素质培养等措施的实施,将有助于提高法学教育的质量和效果,培养出更多符合社会发展需求的应用型法律人才。

完善高校法学专业实践教学的课程体系的具体措施见表3-3。

表3-3 完善高校法学专业实践教学的课程体系的具体措施

措施	具体阐述
制定规范教学大纲	实践教学需要有明确的教学目标、教学内容和教学要求。学校应制定科学规范的教学大纲,明确实践教学的指导思想、基本原则、课程目标、课程内容、教学方法和考核标准等,确保实践教学的有序进行
构建科学完善的实践教学体系	为了实现实践教学的系统性和规范性,学校应构建一套科学完善的法学专业实践教学体系。这一体系应涵盖案例分析、模拟法庭、法律诊所、法律援助、专业实习等多个环节,以多元化的教学方式提升学生的法律实践能力
强化实践教学比重	学校必须深刻认识到实践教学的重要性,将其视为与理论教学同等重要的组成部分。在教学计划的制定中,应显著增加实践教学的课时比例,确保学生有足够的时间进行法律实务操作和法律思维训练
协调课堂教学与实践教学	学校应努力协调好课堂教学与实践教学之间的关系,实现两者的有机结合。课堂教学应注重培养学生扎实的理论基础,而实践教学则应重视学生对课堂知识的深化和应用。两者相互配合,能够使学生在掌握理论知识的同时,具备解决实际法律问题的能力

续表

措施	具体阐述
纳入学分管理体系	为了强化学生对实践教学的重视，学校应将实践教学课程纳入学分管理体系。通过计算学分的方式，鼓励学生积极参与实践教学活动，并将实践教学成果作为评价学生学业成绩的重要依据
注重综合素质培养	在完善实践教学课程体系的过程中，学校还应注重培养学生的综合素质。这包括法律职业道德、法律思维能力、法律表达能力、团队协作能力等多个方面。通过实践教学的各个环节，全面提升学生的法律素养和综合能力

二、完善传统实践教学模式并加以创新

在高校法学教育中，传统的实践教学模式如审判观摩、刑事侦查、物证技术试验及毕业论文设计等，虽为法学专业学生提供了宝贵的理论与实践结合的机会，但面对新时代法治建设的需求，其局限性日益凸显。完善并创新传统实践教学模式，拓宽实践教学渠道和形式，构建多元化、立体化的动态实践教学体系，成为提升法学教育质量、培养应用型法律人才的关键。

（一）完善传统实践教学模式

一是在教学计划中，学校应明确提升实践教学的比重，确保学生有足够的时间和机会参与实践活动，深化对法律理论的理解和应用。二是针对不同年级的学生，学校需制定差异化的实践教学计划。对低年级学生，可侧重基础法律技能的训练，如案例分析、法律文书写作；高年级学生则可更多地参与模拟法庭、法律援助等综合性实践项目，提升其解决实际问题的能力。三是学校应通过案例教学、安排项目式学习等方式，将理论教学与实践教学紧密结合，使学生在掌握理论知识的同时，能够灵活将其应用

于实践。

完善传统实践教学模式涉及以下几项措施,具体如图3-2所示。

```
措施 ──┬── 增强实践教学比重
       ├── 进行差异化实践教学
       └── 强化实践教学与理论教学的融合
```

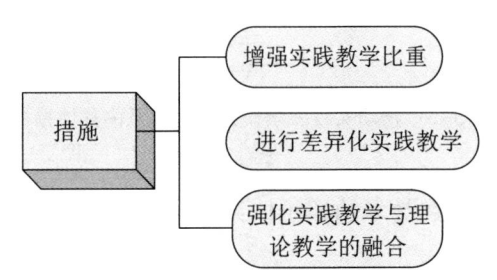

图 3-2　完善传统实践教学模式涉及的具体措施

（二）推动实践教学模式创新

一是除了传统的实践教学模式外,高校法学教育应积极引入法律诊所、在线法律服务平台、法律志愿服务等新型实践渠道,为学生提供更多元化的实践机会。二是高校可以积极与法院、检察院、律师事务所、企业法务部门等建立紧密的合作关系,为学生提供实习实训基地,让学生在真实的工作环境中学习和成长。同时鼓励教师与企业合作开展科研项目,将科研成果转化为教学资源,提升实践教学的针对性和实效性。三是高校应积极利用现代信息技术手段,如虚拟现实技术、增强现实技术等,模拟真实法律场景,提升实践教学的互动性和沉浸感;并开展跨学科实践教学项目,如法律与经济学、社会学等学科的结合,培养学生的综合素养。

推动实践教学模式创新涉及以下几项措施,具体如图3-3所示。

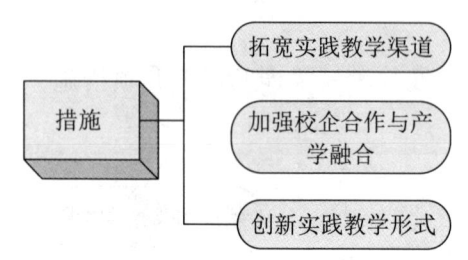

```
                ┌─── 拓宽实践教学渠道
                │
    措施 ───────┼─── 加强校企合作与产
                │        学融合
                │
                └─── 创新实践教学形式
```

图 3-3　推动实践教学模式创新涉及的具体措施

三、完善实践教学的评价体系

实践教学的发展是一个不断完善和前进的过程，完善的评价体系能有效检验实践教学效果。构建完善的评价体系是为了对整个教育工作进行检验，找出其中的不足与问题，以便更好地采取应对之策加以完善。[1] 具体做法有：一是完善对指导教师的考核与管理，具体见表3-4；二是优化对学生的考评机制，具体见表3-5。

表 3-4　完善对指导教师的考核与管理

内容	具体解释
建立多元化评价体系	除了传统的教学工作量、科研成果等指标外，应增加实践教学成果、学生满意度、实习单位反馈等多维度的评价标准。这些指标能够更全面地反映教师在实践教学中的贡献和效果
实施绩效激励机制	将实践教学的考核结果直接与教师的薪酬、晋升、评奖评优挂钩，设立"实践教学优秀奖""优秀指导教师"等奖项，以物质奖励和精神荣誉双重激励教师投入更多精力于实践教学

---

〔1〕马艳萍、张大伟、姜玲玲主编：《新时代高校思想教育模式多元化构建探究》，吉林出版集团股份有限公司2021年版，第239页。

续表

内容	具体解释
赋予经费自主权	给予指导教师一定的实践教学经费支配权,鼓励他们根据教学需要灵活安排教学活动,如组织实地考察、邀请行业专家举办讲座等,增强实践教学的灵活性和实效性
持续培训与发展	定期组织教师参加实践教学相关的培训、研讨会,提升其教学技能和实践能力,同时鼓励教师参与行业实践,保持与行业的紧密联系

表 3-5 优化对学生的考评机制

内容	具体解释
实施过程性评价	改变单一的终结性评价方式,注重对学生实践过程的跟踪和评价。通过日志、反思报告、小组讨论记录等形式,记录学生在实践过程中的表现、思考和成长,作为评价的重要依据
强化能力导向的考核	设计以解决实际问题、完成实际任务为导向的考核项目,如案例分析、模拟法庭、项目策划与实施等,让学生在解决实际问题的过程中展示其知识应用能力和团队协作能力
引入同伴评价和自我评价	鼓励学生相互评价,通过同伴间的交流和反馈,帮助学生认识到自己的优点和不足;同时,引导学生进行自我评价,培养其自我反思和自我提升的能力
组织成果展示与交流	定期举办实践学习成果交流会,让学生展示自己的实践成果,分享实践经验,这不仅能锻炼学生的表达能力,还能激发学生的成就感和荣誉感,提高他们对实践教学的重视程度
建立反馈与改进机制	建立有效的反馈机制,及时收集教师、学生、实习单位等多方面的意见和建议,对实践教学评价体系进行持续改进和优化,确保评价体系的科学性和有效性

第四章
国内外法学专业实践教学人才培养模式

本章将深入探讨国内外法学专业在实践教学领域的人才培养模式,旨在对比分析国内外在法学教育方面的先进经验与实践成果。在国内部分,将聚焦法学专业实践教学人才培养模式的内涵、类别、具体形式及手段;而在国外部分,则重点阐述美国、德国等法学教育强国的实践教学人才培养模式,分析其值得学习借鉴之处。本章旨在为我国法学教育提供有益的借鉴与启示,推动法学专业实践教学人才培养模式的持续优化与创新,以培养更多符合社会需求的高素质法律人才。

第一节 国内法学专业实践教学人才培养模式

一、法学专业实践教学人才培养模式的内涵

(一) 以理论教学任务的完成为前提

理论教学任务的完成是法学专业实践教学人才培养模式的基本要求。这一培养模式既注重理论知识的传授和讲解,又注重实践教学活动的开展和实施。通过理论与实践的有机结合,培养出具有扎实法学理论基础、良好法律职业素养和综合实践能力的法律人才。

1. 理论教学为学生构建了扎实的法学知识体系

法学作为一门应用性极强的学科，其理论体系纷繁复杂，涵盖了法律原理、法律条文、法律逻辑等多个方面。通过系统的理论学习，学生能够全面、深入地掌握法学的基本概念、原理和制度，为后续的实践活动提供坚实的理论支撑。

2. 理论教学培养了学生的法律意识和法律思维

法律意识是法律职业者必备的基本素质，它包括对法律的信仰、尊重和遵守；而法律思维则是一种独特的思维方式，它要求人们以法律为准绳，运用法律逻辑和法律方法去分析和解决问题。理论教学通过引导学生学习法律理论、探讨法律问题、分析法律案例等，培养学生的法律意识和法律思维，使他们逐渐具备法律职业者应有的基本素质。

3. 理论教学为实践教学活动提供了明确的方向和目标

实践教学活动是法学教育的重要组成部分，它通过模拟真实的法律场景和案例，让学生在实践中学习和掌握法律技能。但这种实践活动并非盲目的尝试和摸索，而是需要在理论知识的指导下进行。学生只有在掌握了足够的理论知识后，才能有针对性地开展实践活动，明确实践活动目的、设计实践活动方案、分析实践活动成效，进而实现实践教学的目的。

（二）以法律实践技能训练为内容

法学专业实践教学人才培养模式始终围绕培养和提升学生的法律实战技能这一核心展开。这些技能不仅涵盖了学生分析问题和解决问题的能力，还涉及实践操作、团队协作、沟通交流等多个方面，是学生未来在法律职业领域取得成功不可或缺的能力。以民事法律实务为例，在实践教学活动中，教师采用模拟法庭的教学方式，通过精心设计的实践环境与素材，为学生营造一个接近真实的法律实践场景。在这样的环境中，学生是积极的分析者、参与者和实践者。他们需要在教师的指导下，运用所学的理论知识，对实践素材进行深入的分析和判断，识别案件的关键事实和法律问题。在模拟法庭上，学生需要扮演不同的法律角色，如原告、被告、律师、法官等，以不同的视角审视案件，收集证据，撰写法律文书。这种角色模拟的方式，有助于学生更好地理解法律程序的运作方式，掌握法律文书的写作技巧，并提升他们的法律思维能力。

在实践教学人才培养过程中，教师必须强调团队协作与沟通交流的重要性。学生需要在小组内部分工合作，共同完成任务，以锻炼自身的团队协作能力，培养自身的沟通技巧和协商能力。在旁听审理与裁判民事案件的过程中，学生需要就案件的事实、法律适用等问题进行深入的讨论和交流，达成共识。如此不仅能够帮助学生加深对法律问题的理解，还能够提高他们的综合素质和综合能力。通过实践教学的不断深入开展，学生逐渐形成了较强的案件分析能力、法律文书写作能力以及准确把握案件争议点、正确组织逻辑思路和法律语言的综合实务能力。这些能力的提升，为学生未来在法律职业领域的发展奠定了坚实的基础。

（三）以促进教学改革、培养实用型法律人才为目标

随着社会的快速发展和法律职业环境的不断变化，法学教育必须紧跟时代步伐，不断探索更加符合社会需求的人才培养模式。法学专业实践教学人才培养模式的不断完善，正是这一理念的具体体现，其核心目标在于促进教学改革，培养具备综合素质的实用型法律人才。学校在人才培养过程中，通过实践教学活动打破传统的教学模式，将课堂的主动权交还给学生。在这种模式下，学生能够主动地去探索、分析和解决问题。这种转变不仅加深了学生对专业知识的理解，还激发了他们的学习兴趣和热情，培养了他们的自主学习能力。实践教学活动的开展让学生能够更加清

晰地认识到自己的职业发展方向，树立明确的学习目标，并积极探索适合自己的学习方法。这种人才培养模式还在学生与社会法律实务之间搭建了坚实的桥梁。在课堂上，学生可以通过参与案例分析、模拟法庭等，接触到真实的法律案件和司法程序，了解法律从业者的实际工作流程，从而更好地理解法律与社会的关系，提高自身的法律职业素养和职业技能。

（四）以专业的实践教学队伍和完备的实践教学环境为保障

专业的实践教学队伍和完备的实践教学环境是保障法学专业实践教学活动顺利进行的关键因素。学校应继续加大投入力度，优化资源配置，努力营造一个良好的人才培养环境，助力学生成长为符合社会需求的实用型法律人才。

1. 专业的实践教学队伍是实践教学人才培养的关键

鉴于学生往往对法律实务缺乏直观了解和深入体验，应安排具有丰富实践经验和专业知识的教师给予其直接指导和建议。这样的教师不仅能够帮助学生理解复杂的法律理论，更能将理论与实际相结合，带领学生亲身体验法律职业的真实面貌。学校应大力引进和培养具有实践经验的法律人才加入教学队伍，确保每位教师都能成为学生的良师益友和引路人。

2. 完备的实践教学环境是实践教学人才培养得以顺利进行的物质基础

实践教学活动需要特定的场所和设施来支撑，如模拟法庭、法律诊所、案例分析室等。这些场所和设施不仅能够为学生提供一个接近真实法律职业环境的学习空间，还能通过多媒体手段、网络学习平台等现代科技手段，增强教学的互动性和实效性。学校还需要不断更新和完善教学设施，确保它们能够满足实践教学的最新需求。

二、法学专业实践教学人才培养模式的分类

(一) 校内外结合培养模式

校内外结合培养模式是指通过校内外资源的有机结合与优化配置,为学生提供更加全面、深入的学习体验和实践机会,为培养应用型法律人才提供有力支持。

1. 模式概述

校内外结合培养模式强调学校教育与社会实践的紧密结合,通过搭建校内外实践平台,将法学理论知识与实际操作技能相融合,培养学生的实践能力、创新能力和职业素养。

2. 主要内容

校内外结合培养模式的主要内容分为校内基础教学、校外实践教学、校内外资源融合等几个方面。

(1) 校内基础教学。

①理论教学。

课程体系不断完善:构建以法学基础理论为核心,涵盖实体法、程序法、国际法等多个领域的课程体系。

教学方法的多样化:采用案例教学、翻转课堂等多种教学方法,增强理论教学的互动性和实效性。

②实践教学。

课程设置:学校根据法学专业特点,设置丰富的实践课程,如模拟法庭、法律诊所、法律文书写作等,让学生在模拟环境中掌握法律实务技能。

教学资源:充分利用校内教学资源,如法学图书馆、法学实验室、法学研究所等,为学生提供良好的学习环境和研究条件。

校内实训平台:建立法律援助中心等校内实训平台,为学生提供模拟审判、法律咨询、法律援助等实践机会。

学科竞赛与活动：组织法律知识竞赛、模拟法庭比赛、法律辩论赛等活动，激发学生的学习兴趣和创新能力。

（2）校外实践教学。

①实习实训。学校与法院、检察院、律师事务所、企业法务部门等合作，建立实习实训基地，为学生提供真实的法律工作环境。学生通过实习，可以参与实际工作，提升实践能力和职业素养。

②社会实践。组织学生参与社会调研、法律援助、普法宣传等社会实践活动，让学生深入了解社会现实和法律需求，增强社会责任感和使命感。

③校企合作。学校与企业合作开展科研项目、法律咨询、法律培训等活动，实现资源共享和优势互补，推动产学研深度融合。

（3）校内外资源融合。

①师资互聘。聘请具有丰富实践经验的法官、检察官、律师等担任兼职教师或开设专题讲座，为学生提供鲜活的法律实务案例和经验分享。学校教师也可以到企业兼职或挂职锻炼。

②教学资源共享。利用现代信息技术手段，如网络教学平台、在线课程等，实现校内外教学资源的共享和互补。鼓励学生参与校内外组织的法学论坛、研讨会等，以拓宽学术视野和知识面。

3. 案例分析

下面以河南某法学院为例，阐述校内外结合培养模式，具体如下：

（1）背景概述。

河南某法学院作为国内法学教育的重要基地之一，一直致力于培养具备扎实法学理论基础、卓越实践能力和良好职业素养的法律人才。为了应对日益复杂且多变的法律职业环境，学院积极探索并推行了校内外结合的实践教学模式，旨在通过资源整合与优势互补，全面提升学生的综合素质。

张同学是河南某法学院法学专业大三的学生,自入学以来,他就对法律实践充满了浓厚的兴趣。学院通过推行校内外结合培养模式为他提供了广阔的舞台,让他在法律学习的道路上不断前行,积累了丰富的实践经验。

(2)校内实践经历。

①模拟法庭竞赛。大二下学期,张同学参加了学院举办的模拟法庭竞赛。在准备过程中,他与团队成员一起深入研究案例,撰写法律文书,进行模拟辩论。最终,在激烈的竞争中,他们团队凭借出色的表现荣获一等奖。这次经历不仅锻炼了张同学的法律思维能力,还提升了他的团队协作和口头表达能力。

②法律援助中心志愿服务。在课余时间,张同学加入了学院的法律援助中心,成了一名志愿者。他利用所学知识为前来咨询的师生和社区居民提供法律咨询服务,解答他们关于合同纠纷、婚姻家庭等方面的法律问题。在这个过程中,张同学深刻体会到了法律与社会的紧密联系,也锻炼了自己的沟通能力和应变能力。

(3)校外实习实践。

①法院实习。大三暑假,张同学通过学院的实习实训基地项目,进入某市某基层法院进行为期一个月的实习。在实习期间,他跟随法官助理参与案件审理工作,从立案、庭审到判决执行,全程见证了法律程序的运作。他还协助法官撰写了法律文书,进行了案件调研等工作。这次实习不仅让张同学对法院的工作流程有了深入的了解,也让他对法官的职业素养和法律精神有了更深刻的认识。

②律师事务所合作项目参与。在实习结束后,张同学有幸参与了学院与一家知名律师事务所的合作项目。该项目旨在为企业提供法律风险评估和合规咨询服务。张同学作为项目组成员之一,负责收集和分析企业相关资料,协助律师撰写风险评估报告和合规建议。通过与律师的紧密合作,张同学不仅学到了许多实用的

法律技能，还了解了律师职业的工作内容和要求。

（4）校企合作科研活动。经过实习和参与项目，张同学对知识产权法产生了浓厚的兴趣。他主动申请加入学院与一家高新技术企业合作开展的知识产权保护科研项目。在项目中，他负责研究国内外知识产权保护的现状和趋势，提出有针对性的保护策略和建议。通过参与科研活动，张同学不仅深化了对知识产权法的理解，还锻炼了自己的研究能力和创新思维。

（5）成效。经过一系列的校内外实践学习和科研活动，张同学在法律专业素养和实践能力方面都有了显著提升。他不仅在各类法律竞赛中屡获佳绩，还成功获得了多家知名律师事务所和企业的青睐，为未来的职业发展奠定了坚实的基础。

（二）产学研合作培养模式

在法学专业实践教学人才培养模式中，产学研合作培养模式是重要且广泛应用的一种。该模式通过学校、企业和科研机构之间的深度合作，实现教育资源的优化配置和共享，以提升学生的综合能力，为培养高素质法律人才提供有力保障。

1. 模式概述

产学研合作培养模式是指学校与企业、科研机构等主体在人才培养过程中，通过资源共享、优势互补，共同制定人才培养方案，实施教学活动，从而实现理论与实践的有机结合，培养具有创新精神和实践能力的高素质法律人才。

2. 合作主体

（1）学校。作为法学教育的主体，学校负责提供理论教学、师资队伍和教学资源。学校通过与企业、科研机构的合作，将理论教学与实践教学相结合，提高学生的实践能力。

（2）企业。主要包括律师事务所、企业法务部门、法院、检察院等法律实务部门。企业为学生提供实习实训基地，参与人才培养方案的制定,并派遣具有丰富实践经验的专家参与教学,使学生能够接触真实的法律案件,提升实战能力。

(3) 科研机构。如法学研究所、法律服务中心等,为法学教育提供理论支持和研究指导。科研机构与学校、企业合作,共同开展科研项目。

3. 主要内容

(1) 联合培养。学校与企业、科研机构共同制定人才培养方案,明确培养目标、课程设置、教学方法等。通过联合培养,实现教育资源的优化配置和共享。

(2) 实习实训。学校与企业合作建立实习实训基地,为学生提供真实的法律工作环境。学生在实习期间,可以参与法律案件的办理、法律文书的撰写等工作,提升实践能力和职业素养。

教学合作:学校邀请企业专家参与教学活动,如讲授专业课程、指导毕业论文等。同时,学校教师也可以到企业兼职或挂职,了解法律实务的最新动态和发展趋势,提升教学质量。

科研合作:学校与科研机构合作,推动法学理论的发展和创新。科研项目可以围绕法律实务中的热点、难点问题展开研究,为法律实践提供理论支持。

4. 典型案例

下面举例说明产学研合作培养模式,具体如下:

(1) 背景介绍。山东省某交通类学校的法学院,依托学校在交通行业的背景优势,致力于培养既具备扎实法学理论基础,又熟悉法律实务的"应用型、复合型"法律人才。为了实现这一目标,学院与XX交通法务部门建立了紧密的合作关系,共同探索并实践"协作式"的产学研合作培养模式。

(2) 合作模式与内容。

①共建特色课程体系。山东省某交通类学校的法学院与XX交

通法务部门合作，共同开发了一系列具有交通法律特色的课程。这些课程不仅涵盖了交通法律的基本理论、法律法规和政策动态，还融入了大量的实际案例分析和实务操作内容。通过邀请法务部门的专家进校园授课，学生能够直接接触到交通法律实务的前沿问题和解决方案。

②联合实践教学项目。学院与法务部门合作，设立了多个联合实践教学项目，如"交通事故法律处理实训""交通建设项目合规审查"等。在这些项目中，学生将在法务部门的专业指导下，参与真实的交通法律事务处理过程，从案件调查、证据收集、法律分析到法律文书撰写和出庭应诉等环节进行全面实践。这种实践教学方式使学生能够在模拟的真实工作环境中锻炼自己的法律职业技能和综合素养。

③协同科研创新。学院鼓励师生与法务部门合作开展科研项目，共同研究交通法律领域的热点问题和前沿课题。法务部门提供实践数据和案例支持，学院则提供理论指导和研究资源。通过产学研的紧密结合，双方不仅能够解决交通法律实务中的难题，还能够推动交通法律理论的创新和发展。

④精准就业指导与职业规划。鉴于交通法律领域的特殊性，学院与法务部门合作，为学生提供精准的就业指导和职业规划服务。法务部门根据行业发展趋势和用人需求，为学生提供就业信息和岗位推荐；学院则通过组织职业规划讲座、模拟面试等活动，帮助学生提升就业竞争力和职业素养。

（3）具体实例。小张作为山东交通学院法学专业的一名优秀本科生，在学院与XX交通法务机构合作的"交通建设项目合规审查"联合实践项目中，经历了从理论学习到实践运用的深刻转变，实现了个人能力与职业素养的显著提升。

①项目启动阶段：理论学习与准备。在项目正式启动前，学

院组织了一系列专题讲座和培训课程，邀请XX交通法务机构的资深专家来校授课。小张积极参与其中，认真学习了交通建设项目合规审查的基本理论、法律法规、政策导向以及行业实践案例。通过学习，小张对交通建设项目合规审查的框架和要点有了初步的认识，为后续的实践操作打下了坚实的理论基础。

②项目实施阶段：深入实践与探索。随着项目的推进，小张被分配到了法务机构的一个专业团队中，直接参与到一项具体的交通建设项目合规审查工作中。在项目组长的指导下，小张开始接触并熟悉审查流程，收集和分析项目资料，识别潜在的法律风险点。他不仅要对项目的规划、设计、施工等各个环节进行细致入微的审查，还要与项目方、政府部门等多方沟通协调，确保审查工作的顺利进行。

在实践过程中，小张遇到了许多书本上未曾涉及的复杂情况。他通过查阅相关法律法规、咨询专家意见、与团队成员讨论交流等，不断寻求解决方案。同时，他也深刻体会到了理论知识与实践操作之间的差距，更加珍惜每一次实践机会，努力提升自己的专业素养和实践能力。

③项目总结阶段：反思与提升。项目结束后，学院与法务机构共同组织了项目总结会议。小张在会上汇报了自己的工作成果和心得体会，得到了项目组长和专家们的肯定与指导。通过反思自己在项目中的表现和不足，小张更加清晰地认识到了自己的优势和劣势，明确了未来努力的方向。

这次联合实践项目不仅让小张掌握了交通建设项目合规审查的实际操作技能，还锻炼了他的沟通协调能力、团队协作能力和解决问题的能力。更重要的是，他深刻体会到了作为一名法律工作者应有的责任感和使命感，更加坚定了自己投身交通法律事业的决心和信心。

（4）成效与展望。通过与 XX 交通法务部门的深度合作，山东省某交通类学校在培养"应用型、复合型"法律人才方面取得了显著成效；学生的实践能力和职业素养得到了有效提升，他们在就业市场上受到了广泛的认可和欢迎。未来，该学院将继续深化与各类交通法务部门的合作，不断探索和创新法学教育模式，为培养更多优秀的交通法律人才贡献力量。

三、法学专业实践教学人才培养模式的具体实施形式

法学专业实践教学一般都采取调研、法律咨询、普法宣传、模拟法庭、法律诊所、毕业实习等方式进行人才培养，培养学生的实践能力，其中模拟法庭教学、社会调查、暑期实习、毕业实习等为实践教学人才培养模式的主要实施形式。下面重点对社会调查、暑期实习进行阐述。

（一）社会调查

社会调查作为法学专业学生深入社会、了解法律实践的重要方法，近年来在大学生群体中得到了广泛的组织与实施。学校对其高度重视，通过制定统一的社会调查规范，精心策划并组织系列活动，培养学生的社会责任感、法律素养及问题解决能力。具体而言，学校会结合当前的研究课题与社会热点法律问题，组建由专业教师引领的社会调查小组，引导学生深入社会各个层面，开展有针对性的调查研究。

为了充分发挥社会调查在法学专业实践教学中的积极作用，确保其实效性与专业性，需注意以下几个关键点：

1. 目的明确性

学校应避免学生的社会调查仅停留于形式层面，要确保其具有明确的专业性和目标导向性。法学专业的社会调查应紧密围绕当前社会热点法律问题展开，通过详细的研究综述，明确调查的

具体范围、需验证的核心问题及预期达成的目标,确保调查工作的针对性和深度。

2. 组织管理的有效性

传统社会调查可能过多依赖学生的自主完成,而教师参与有限。但在法学专业实践教学中,应坚持"教师全程参与,学生主体实施"的组织模式。教师应在问题选定、研究综述撰写、问卷设计、访谈提纲制定、调查材料分析及调查报告撰写等各个环节中提供及时、专业的指导,确保调查活动的科学性和规范性,从而提升调查成果的质量。

3. 调查材料的深层次挖掘

社会调查的价值不仅在于完成一份调查报告,更在于其潜在的多层次应用价值。一是通过撰写完整、深入的调查报告,学生可以系统地呈现调查成果;二是将调查案例融入课堂教学,作为生动的教学案例,丰富教学内容;三是将系统化的调研材料作为课题申报和深入研究的基础资料,进一步推动学术研究的发展。这种多层次的材料挖掘不仅提升了社会调查的整体价值,也促进了学生综合素质的全面提升,使得社会调查活动更加系统、综合且富有成效。

下面是一份由某学校组织的法学专业学生社会调查活动安排,具体如下:

法学专业学生社会调查活动安排

一、活动背景与目的

1. 背景

随着社会的快速发展,法学领域面临着诸多新的挑战与问题。为了提升法学专业学生的实践能力,加深其对法律理论的理解,同时为社会提供有价值的法律观察与建议,某学校决定组织一次法学专业学生社会调查活动。

2. 目的

本次活动旨在通过实地调查、数据分析等，探索当前社会热点法律问题，并提出有针对性的解决方案。

专业性：聚焦特定法律领域（如网络安全法、消费者权益保护法、环境保护法等），通过深入研究，提升学生对该领域法律问题的认识。

实践导向：通过社会调查，使学生将课堂所学理论知识应用于实际问题解决中，增强实践能力。

社会贡献：针对调查中发现的问题，提出切实可行的改进建议，为社会法律体系的完善贡献力量。

二、活动时间安排

1. 前期准备阶段（第1~2天）

第1天：

成立活动组织委员会，明确各成员职责。

召开动员大会，向学生介绍活动目的、意义及具体安排。

学生根据个人兴趣及专长进行分组，并确定各组调查议题。

第2天：

各组进行文献综述，收集相关法律法规、司法判例、学术论文等资料。

设计问卷和访谈提纲，确保调查工具的科学性和有效性。

确定实地调查地点和对象，进行初步联系与沟通。

2. 实地调查阶段（第3~8天）

第3~5天：

各组按计划开展实地调查，通过问卷调查、深度访谈、现场观察等方式收集数据。

每日进行小组会议，汇总调查进展，解决遇到的问题。

第 6~7 天：

继续实地调查，确保数据收集的全面性和代表性。

对收集到的数据进行初步整理和分析，发现初步趋势和问题。

第 8 天：

完成实地调查工作，整理所有调查材料和数据。

与教师指导团队进行中期汇报，反馈调查进展和遇到的问题。

3. 数据分析与报告撰写阶段（第 9~13 天）

第 9~10 天：

对收集到的数据进行深入分析，提取有价值的信息和结论。

撰写调查报告初稿，包括问题背景、调查方法、数据分析、问题剖析及建议对策等部分。

第 11~12 天：

小组内部进行多次讨论和修改，完善调查报告内容。

邀请教师指导团队进行审阅，提出修改意见。

第 13 天：

根据教师指导团队的意见进行最终修改和完善。

提交最终调查报告，并准备成果展示材料。

4. 成果展示与总结阶段（第 14~15 天）

第 14~15 天：

组织成果展示会，邀请校内外专家、教师及学生代表参加。

各组通过 PPT、视频等形式展示调查成果，分享经验和感悟。

进行活动总结，评选优秀调查团队和个人，颁发荣誉证书。

整理活动资料，归档保存，为后续教学和研究提供参考。

三、活动注意事项

安全第一：在实地调查过程中，注意人身安全和财产安全。

遵守法律：在调查过程中，严格遵守国家法律法规和道德规范。

教师指导：组建由法学专业教师组成的指导团队，全程参与活动的规划、实施与总结，为学生提供专业指导。

团队协作：学生按兴趣与专长分组，形成多个调查小组，明确分工，协同合作。

数据真实：确保收集到的数据真实可靠，不得伪造或篡改；建立严格的调查流程与数据审核机制，确保调查结果的客观性与准确性。

及时反馈：对于在调查过程中遇到的问题和困难要及时向教师指导团队反馈。

四、活动成果预估

1. 学生能力提升

通过本次活动，学生的实践能力、团队协作能力及问题解决能力均得到了显著提升。

2. 调查报告

各小组均完成了高质量的调查报告，为法学教育提供了宝贵的实践案例。

3. 社会影响

部分调查成果得到了社会的关注与认可，为相关领域的法律问题解决提供了有益参考。

五、结语

本次法学专业学生社会调查活动是一次重要的教学实践。通过精心组织和周密安排，相信能够取得圆满成功，为学生提供一次宝贵的实践机会和成长经历。同时，也期待本次活动的开展能够为社会提供有价值的法律观察与建议，为推动法治社会建设贡献力量。

(二)暑期实习

1. 暑期实习的基本模式

暑期实习的基本模式主要分为集中组织实习和学生自主联系分散实习两种。这两种模式各有特点,适合不同需求和情况的学生。学校在组织暑期实习时应充分考虑学生的需求和实际情况,灵活选择或结合使用这两种模式,以最大限度地提升学生的实习效果和学习收获。集中组织实习和学生自主联系分散实习两种暑期实习模式及优缺点比较见表 4-1。

表 4-1 两种暑期实习模式及优缺点

两种模式			优点	缺点
集中组织实习模式	组织方式	由学校(或院系)统一规划并组织实施,通常在暑期进行,为期一个月左右	组织有序,资源丰富,能够全面覆盖司法实务的各个环节,有利于培养学生的综合素质和适应能力	可能限制了学生的自主选择权,部分学生可能无法进入自己心仪的实习单位或领域
	实习内容	确保学生能够在多个职能部门(如检察院的不同科室、法院的不同法庭)轮岗实习,以全面了解司法实务的各个环节		
	指导体系	由实习单位(检察院、法院)选派经验丰富的检察官、法官担任直接指导教师,同时法学院也会派出教师协助指导,形成双导师制度		
	考核与鉴定	实习结束后,双方指导教师根据学生的实习报告、实习表现共同撰写实习鉴定,并评定实习成绩,确保评价的全面性和客观性		

续表

两种模式		优点	缺点
学生自主联系分散实习模式	自主性	学生根据自己的兴趣、职业规划或资源，自行联系实习单位，并提交实习单位的联系电话及指导法官（检察官）的联系方式给学校备案	灵活性强，能够满足学生的个性化需求，有利于学生根据自己的兴趣和职业规划进行有针对性的实习	管理和监督难度较大，容易出现"放羊"现象，实习质量难以保证。同时，学生在寻找实习单位时可能面临一定的困难
	管理方式	学校通过电话等方式进行定期检查和监督，确保实习的真实性和有效性。部分学校会派遣教师到每个实习点进行实地指导或监督		
	实习内容与指导	实习内容和指导主要由实习单位的法官（检察官）负责，确保学生能够深入参与到实际工作中		
	考核与总结	实习结束后，学生需提交实习报告和实习总结，由法学院统一进行考核，评估学生的实习成果和学习收获		

2. 暑期实习的组织

暑期实习是法学专业实践教学人才培养模式的重要教学形式与手段，有利于深入贯彻法学专业培养方案要求，提升实践教学质效。暑期实习的具体组织如下：

（1）实习学生的征集与分配。

①广泛征集与动员。在实习开始前一个月，通过辅导员会议、班级群通知、学校公告等多种渠道，向学生全面介绍暑期实习的

重要性、目的及预期成果，确保每位学生都能充分认识到实习的价值。

要求学生全体参与实习，并鼓励有能力自主联系检察院、法院等实习单位的学生积极行动，提前提交实习单位接收函或相关证明。

对于未能自主联系实习单位的学生，学校将统一组织，安排其到合作的专业实习基地进行集中实习。

②实习分配与确认。收集并审核学生自主联系的实习单位信息，确保实习单位符合学校要求，能够为学生提供有效的实习机会。

对未能自主联系实习单位的学生，根据专业方向、个人意愿及实习基地的实际情况进行统一分配，并通知学生确认实习岗位。

（2）实习方案的学习与准备。

①实习方案发布。法学院制定详细的专业实习方案，包括实习目标、实习内容、实习要求、时间安排、考核方式等，并通过学院网站、班级群等渠道向学生公布。

②系统学习与培训。组织学生进行实习方案的系统学习，通过讲座、研讨会等形式，帮助学生明确实习目的、了解实习内容、掌握实习要求。

补充与实习相关的专业知识，以提升学生的专业素养和实践能力。

（3）实习纪律与安全教育。

①实习纪律教育。强调检察院、法院等司法实务部门的工作纪律，要求学生全面参与实习基地的各项工作时，严格遵守工作纪律，尊重实习单位的工作安排，保持良好的职业态度。

②实习安全教育。针对实习期间可能遇到的安全问题，进行专门的安全教育，包括饮食安全、人身安全、交通安全等方面的

注意事项。

制定严格的实习安全纪律,要求学生按时返回租住房、结伴出行、避免进入不良场所、不酗酒、不私自回家等,确保实习期间的安全稳定。

(4) 实习学生的派遣与管理。

①实习派遣。实习开始前,由带队教师和学院领导共同带领学生前往实习基地,与实习基地的指导教师进行深入的座谈和交流,明确实习的具体内容、任务和要求。

协助学生办理实习报到手续,确保每位学生都能顺利进入实习岗位。

②实习管理。实习期间,主要由实习带队教师负责学生的日常管理,包括考勤、工作进度跟踪、问题解答等。

定期与实习基地的指导教师进行沟通,了解学生在实习中的表现和问题,及时给予指导和帮助。

鼓励学生之间相互学习、交流经验,形成良好的学习氛围和团队精神。

③实习结束与总结。实习结束后,组织学生集体返回学校,并进行实习总结和交流。

要求学生提交实习报告或实习心得,对实习经历进行总结和反思。

通过实习答辩、成果展示等形式,对学生的实习成果进行考核和评价。

3. 暑期实习的内容

暑期实习的内容丰富多样,涵盖了法律实践的各个方面。手把手的指导和实际操作的训练,不仅能使学生的法律思维得到有效的锻炼和提升,还能检验他们在理论知识、实践能力、沟通能力等方面的综合能力。下面选取一些常见的暑期实习内容,具体

描述如下:

(1) 整理卷宗。

①任务描述。学生将参与到卷宗整理的工作中,包括收集、分类、编号、归档与案件相关的所有文件材料。这一过程不仅要求学生具备细致入微的工作态度,还需对案件流程有初步的了解。

②目的。通过整理卷宗,学生能够熟悉案件的基本信息,了解案件处理的全过程,为后续工作打下基础。

(2) 制作庭审调解笔录、谈话笔录。

①任务描述。在法官或检察官的指导下,学生将学习如何制作庭审调解笔录和谈话笔录。这包括准确记录当事人、证人的陈述,以及法官或检察官的问话和调解过程。

②目的。锻炼学生的记录能力和语言表达能力,同时让他们深入了解庭审调解的程序和技巧。

(3) 参与庭审。

①任务描述。学生将有机会旁听甚至参与真实的庭审,观察法官、检察官、律师等法律专业人士的工作方式,了解庭审的各个环节和程序。

②目的。增强学生的法律实践能力,使其对法律程序有更直观的认识和体验。

(4) 外出提审、外出调解。

①任务描述。在法官或检察官的带领下,学生将参与外出提审犯罪嫌疑人和外出调解纠纷的工作。这包括与当事人沟通、了解案情、协助制作相关文书等。

②目的。锻炼学生的沟通能力和应变能力,使其能够应对复杂多变的法律实践环境。

(5) 送达文件、制作法律文书。

①任务描述。学生将负责送达法律文书给当事人或相关单位,

并学习如何制作各种法律文书,如起诉状、判决书、裁定书等。

②目的。让学生掌握法律文书的基本格式和写作技巧,提高其法律文书撰写的规范性和准确性。

(6)参与案件调查、检察院取证、审讯嫌疑人。

①任务描述。在检察院实习的学生将有机会参与案件的调查取证工作,包括审讯嫌疑人、收集证据材料等。这要求学生具备敏锐的观察力和分析能力。

②目的。培养学生的侦查思维和证据意识,使其了解检察院在刑事诉讼中的职责和作用。

(7)案情讨论。

①任务描述。学生将参与案件讨论会,与检察官或法官共同探讨案情,提出自己的观点和建议。

②目的。通过案情讨论,锻炼学生的法律思维和表达能力,提高其解决实际法律问题的能力。

第二节 美国法学专业实践教学人才培养模式

美国法学专业实践教学人才培养以职业化教育为目标,注重实践教学、跨学科研究、研究能力培养和法律职业道德教育等方面,通过严格的认证机制和教学管理确保教育质量和水平。

一、美国法学专业实践教学的发展

19世纪,哈佛大学法学院院长兰德尔针对法学教育所面临的巨大压力,提出了案例教学法,[1]并使其成为美国法学教育的重要特色。当今美国的各法学院都以案例教学法为主导方法进行授

---

[1] 张艳萍主编:《旅游教学理论与实践》,中国旅游出版社2016年版,第86页。

课,该方法是和判例法体例十分吻合的教学方式。[1]美国哈佛大学还是法学专业实践教学的发源地,之后世界上其他国家争相效仿,并结合本国实际制定了适合自己的法学专业实践教学模式,由此在世界范围内形成了各具特色的法学实践教育模式,共同推动了法学教育向更加注重实践技能培养的方向迈进。美国的法学专业实践教学最显著的特征就是把法学教育看作法律职业教育。美国法学教育是职业化的代表,美国法学教育的目标可以简化为一个短语——像律师一样思考。[2]

美国法学专业实践教学人才培养主要有法律诊所和模拟课程两种形式。法律诊所的灵感来自医学领域,是效仿诊所实习医生的培养模式发展出的一种法学实践方式。学校通过设立类似律师事务所的机构,让拥有律师执照的教师在该机构执业,直接指导学生参与从接待客户到起草法律文书、案件处理的各个环节,有效缩短了理论与实践的距离。但单一的法律诊所资源有限,难以全面覆盖所有教学需求。为解决这一问题,外部实习成为重要补充,但其教学效果的评价也成为新的问题。于是,实践教学模拟课程形式应运而生,它将学生分组,模拟真实法律情境,让学生在角色扮演中学习和实践。随着科技进步,模拟课程更是与新兴技术深度融合,构建起信息技术辅助法律教育平台,极大地丰富了教学手段,提升了教学的互动性。

美国法学专业实践教学人才培养模式的发展,是长期探索与创新的结果。模拟课程等多种教学形式的运用,标志着实践教学进入了一个新阶段,表明它将从根本上解决实践教学可能存在的

---

[1] 陈寒非主编:《首都法学教育研究》(9),北京对外经济贸易大学出版社2020年版,第30页。

[2] 李占荣主编:《浙江财经大学法学教育评论》,浙江工商大学出版社2019年版,第14页。

形式化问题,确保法学教育的实效性。

二、美国法学专业实践教学人才培养定位

(一) 职业化教育

美国法学教育的核心目标是培养具备卓越法律素养与技能的专业人才,特别是未来能够胜任律师职业的精英。由于美国的检察官是由国家聘请的政府律师担任,法官也是从经验丰富、口碑良好的律师中选出,其法学教育自然紧密围绕法律职业的实际需求展开,确保所培养的人才在毕业后能够迅速进入法律职业领域。

(二) 研究生层次教育

美国的法学教育具有独特的人才培养体系,其对象不包括一般意义上的法学本科生,申请进入法学院学习的学生必须具有其他专业的学士学位。即美国的法学教育实际上对应的是我国法学教育的研究生阶段,其旨在通过专业化的法学课程与深入实践训练,培养出高层次、复合型的法律人才。这种人才培养体系在一定程度上确保了学生在接受法学教育之前,已经拥有多元的学术背景与知识体系,能够以更为广阔的视角审视法律问题,提升解决复杂法律难题的能力。

三、美国法学专业实践教学人才培养方向

(一) 突破传统法学框架束缚,重视跨学科研究视角

美国一些法学院的法律博士项目注重培养学生的跨学科研究能力。课程涵盖法学、经济学、政治学、社会学等多个学科,这样的课程设计,旨在打破学科壁垒,为学生提供更为广阔的知识视野,鼓励学生摆脱传统法学框架的束缚,从经济、政治、社会等多个维度出发,以更加开放、包容的心态,全面而深入地审视和分析法律问题。

(二) 研究能力培养

美国法学专业实践教学非常重视学生研究能力的培养，这主要体现在对学生毕业论文的严格要求上。其不仅要求毕业论文有一定的原创性，还要求毕业论文具备学术价值与社会意义。学生在导师的悉心指导下，从选题构思到资料搜集，从理论分析到实证研究，每一步都需独立探索、严谨论证。这一过程不仅锻炼了学生独立思考、解决问题的能力，还教会了他们如何在浩瀚的法律文献中挖掘新知，如何运用法律逻辑构建论点，以及如何将研究成果以清晰、有力的学术论文形式呈现。在最后的论文答辩环节，学生要在专家面前展示其研究成果，这进一步锤炼了其学术表达能力与批判性思维能力。

(三) 法律职业道德教育

美国法学专业实践教学也非常注重培养学生的法律职业道德素养。其学校开设了一系列法律职业道德课程，旨在通过理论与实践相结合的方式，全面塑造学生的职业操守。课程由业界资深律师、法官及检察官等法律专家讲授，他们凭借丰富的实践经验与深刻的行业洞察，为学生深入浅出地解析法律职业道德的内涵、原则及具体要求。学校还鼓励学生积极参与法律援助等活动，让他们在实践中践行职业道德规范，通过亲身经历加深对职业道德重要性的认识。

(四) 国际化视野的培养

随着全球化的深入发展，美国法学专业实践教学人才培养将拓宽学生的国际化视野作为教育的重要目标之一。其学校积极鼓励学生参与各类国际学术交流活动，包括参与国际学术会议，与全球法学界的精英们共襄盛举；访问国外大学，亲身体验不同国家的法学教育模式和法律文化氛围。很多学校还致力于构建广泛的国际合作网络，与国外知名大学建立长期稳定的合作关系，为

四、美国法学教育的认证机制

美国法学教育的认证机制非常严格,美国律师协会作为一个非政府专业组织,是美国法学院的认证机构。[1]只有通过了美国律师协会认证的法学院才会被认定为正规法学院。在大多数州,只有毕业于美国律师协会认证的法学院并获得了法律博士学位的毕业生才可以参加律师考试。[2]这一认证流程从根本上确保了法学教育的规范化与专业化,保证了法学教育在人才培养目标上向律师协会的要求看齐,确保了法学教育的质量和水平。

第三节 德国法学专业实践教学人才培养特点

德国法学专业在实践教学人才培养方面具有宽进严出、教育周期漫长、以实践为导向、国际化教学以及跨学科教育等特点。这些特点共同构成了德国法学教育的独特优势,为培养具有国际视野、扎实法律素养和卓越实践能力的法律人才提供了有力保障。

一、宽进严出,淘汰率高,以培养法律精英为目标

德国整个法学教育体系以其独特的"宽进严出"特点著称。在入学阶段,其学校秉持开放态度,不对法律专业学生的入学设置过高门槛,鼓励所有怀揣法律梦想、有志于法律事业的年轻人

---

[1] 黄进主编:《中国法学教育研究》(2017年第4辑),中国政法大学出版社2017年版,第130页。

[2] 黄进主编:《中国法学教育研究》(2017年第4辑),中国政法大学出版社2017年版,第130页。

积极参与竞争,这为法律界注入了源源不断的活力与潜力。但这一宽松的入口政策并非意味着放松对教育质量的要求。相反,学生入学后需经历重重考验,包括两次国家司法考试,这些考试以其难度高、标准严而闻名,加之随后为期两年的职业见习期,构成了德国法学专业实践教学人才培养的严苛筛选与提升体系。在这一过程中,学生需不断磨砺自我,提升专业素养、职业操守及综合能力,确保最终能够脱颖而出,成为法律界的中流砥柱。这种高淘汰率的机制,很大程度上保障了德国法律职业者的整体素质和法律服务的专业水准。

二、教育周期长,注重心智磨炼与职业理性塑造

德国法学专业实践教学人才培养以其漫长的培养周期而闻名世界。学生需历经数年学习,在这段漫长而充满挑战的学习过程中,法律条文不再是冰冷的文字,而是成为塑造他们思维、能力和性格的熔炉。每一次课程的深入探讨、每一次案例的细致剖析,都是对学生理解力、分析力及批判性思维的极致考验。这段较长的教育及实践经历教会了学生如何在复杂多变的法律世界中保持冷静与理性,如何在利益与道德的交织中坚守原则,如何以一颗公正无私的心去捍卫法律的尊严与公正。学生逐渐学会在漫长的学习与实践过程中沉淀自我,摒弃外界的浮躁与干扰,培养出法律人特有的沉稳与严谨,以及对公平正义法律精神的不懈追求。

三、以实践为导向,注重理论与实践相结合

在德国法学专业实践教学人才培养过程中,"技能导向"的课程设计理念始终贯穿其中,其学校设计了包括"实战技能演练"在内的多样化课程,如模拟真实法律场景,让学生在模拟法庭上锻炼法律思维及技能;通过"实践经验分享"环节,邀请业界精

英走进课堂,分享他们的实战经验与智慧,并让学生与其进行充分交流。

德国的法学教育非常重视实践教学。各大法学院积极与业界合作,设立校外实习项目、法律诊所项目等,为学生提供了广阔的实践舞台。学生在这里不仅能够接触到真实的法律案件,还能在资深律师或法官的指导下,亲自参与案件的调查、分析、讨论乃至决策,将课堂上学到的理论知识转化为解决实际问题的能力。德国各大法学院还建立了完善的实习与见习制度,要求学生必须完成多次实习,包括在国内外知名律师事务所、企业法务部门等机构的实习,帮助学生积累丰富的实践经验,让他们在实践中深刻理解法律职业的多样性和复杂性,为将来步入社会、从事法律职业打下坚实的基础。

四、国际化教学,培养学生跨文化意识

(一)注重国际化教学

德国法学专业在实践教学人才培养方面,尤为注重国际化教学的深度融入。各法学院将出国留学视为拓宽学生国际视野的重要途径,并精心设计多元化的国际交流项目,鼓励学生积极参与,以亲身体验不同法系国家的法律实践与文化。同时,在课程体系中嵌入成熟的外语必修课程,满足学生选择多语种课程的需求,以培养学生的国际法律素养,帮助其更快地获得国际认可的法律证书。在这一过程中,学生不仅增强了语言能力,更为未来在国际法律领域的职业生涯奠定了坚实基础。

(二)培养学生跨文化意识

在德国法学专业的实践教学人才培养体系中,除了强化法律实务操作能力的训练,其学校还高度重视学生沟通技巧、谈判策略、演讲表达及项目管理等综合能力的培养。学校通过组织国际

交流、模拟法庭辩论、多元文化案例分析等活动，积极培育学生的"跨文化"意识与文化敏感性，使他们能够深刻理解并尊重不同文化背景下的法律观念与行为模式，旨在培养出既精通法律又具备国际视野和跨文化沟通能力的复合型人才，以应对日益复杂的国际法律事务挑战。

五、跨学科教育，提升学生综合素养

德国法学专业实践教学人才培养鼓励学生跨越学科界限，广泛涉猎历史、政治学、哲学、经济学等领域知识。这种综合性的培养路径，旨在培养学生的多元思维能力与广阔视野，使他们能够从不同角度审视法律问题，深刻理解法律背后的社会、经济与政治动因，提升其批判性思维能力、创新能力及解决实际问题的能力。

第五章
应用型人才培养目标下的法学专业实践教学策略

本章聚焦应用型人才培养目标下的法学专业实践教学策略，旨在通过一系列创新而高效的教学方法与路径，构建理论与实践深度融合的教学策略。本章将从课程体系和教学内容的重构出发，探讨如何科学规划课程体系，确保法学理论与实践技能相辅相成，共同促进学生知识结构的完善与能力的提升。随后，深入剖析实践技能与理论知识结合的必要性，强调在传授法学理论的同时，注重培养学生的动手能力和问题解决能力。案例教学和模拟法庭作为两大重要教学方式，将在第三节详细阐述。校企合作与实习实训的强化也是本章重点，通过与企业深度合作，为学生提供真实的法律工作环境，促进其理论知识向实践能力的转化。本章最后将详细阐述教学评价和反馈机制，这是教学质量持续提升与人才培养目标精准实现的重要保障，二者共同推动法学教育向更加务实、高效的方向迈进。

第一节 课程体系和教学内容的重构

一、实行模块化教学

模块化教学是按照程序模块化的构想和原则设计一整套与教

学内容相关的教育体系。[1]在应用型人才培养目标下,高校的课程体系可以分为三大类,即必修类课程、选修类课程和实践类课程。其中,必修类课程由"公共基础课程模块""专业课程模块"等构成;选修类课程由"专业拓展课程模块""综合素质教育模块""创业教育模块"等构成;实践类课程由"社会实践训练""模拟法庭实习"等构成。在当今社会对应用型法律人才的迫切需求下,高校的法学教育课程体系与教学内容正逐步优化,课程模块正在重构,旨在培养既精通法律又具备广泛适应性和创新能力的复合型人才。

(一) 公共基础课程模块

公共基础课程模块主要包括思想政治课程、计算机课程、外语课程、人文社会科学与自然社会科学等课程。法学学科具有显著综合性,与自然科学有着内在的联系,更与人文社会科学紧密相连、相互渗透。这就要求高校的法学专业必须在课程体系及教学内容设置上注重学生的知识结构,使学生掌握或了解政治学、社会学、经济学、哲学等相关知识。

(二) 专业课程模块

专业课程模块主要包括教育部高等学校法学类专业教学指导委员会指定的专业核心课程和各院校法学专业特色课程。各院校应在教学内容上注重创新,如在各个部门法中,在向学生讲授相关的法学基本理论知识的基础上融入学生关注的热点议题与兴趣点,以专题形式深入探讨。此举旨在拓宽学生视野,激发其学习热情,确保法学教育既严谨又贴近时代脉搏,培养具备扎实基础与前瞻视野的法律人才。

---

[1] 皇甫菁菁:《高校教学理论研究与实践》,吉林出版集团股份有限公司2022年版,第90页。

(三)专业拓展课程模块

专业拓展课程模块旨在深化法学专业理论教育,拓宽学生专业视野,为学生的进一步深造创造条件。该模块在课程设置上侧重专业课的加深与拓展,如宪法学专题、民事诉讼法学专题、商法学专题、中国法制史等,讲授相关部门法的更深层次理论和前沿知识,以期多角度、全方位地对法学理论前沿问题进行透视、作出评述。

以财经类院校法学专业拓展课程设置为例,基于学校特色,其主要表现为跨学科知识和理论教育更突出经济学、管理学等领域内容。在专业选修课中,院系可以采用模块化选课方式,精心构建理论法学、经济法学等模块,涵盖法哲学、金融法、税法、环境与资源保护法等课程,以构建系统化、合理化的知识结构,促进学生全面发展,使其成长为既精通法律又熟悉经济管理的复合型人才。

(四)综合素质教育模块

综合素质教育模块旨在全面提升学生的综合素质与实践能力,使其更好地适应社会发展的多元化需求。该模块通过灵活多样的课程设置,既包括基础理论知识的巩固,又涵盖实际应用技能的训练,鼓励学生根据个人兴趣与职业规划,自主选择学习路径,最大限度地挖掘个人潜能,既为就业做好准备,又为进一步学业深造打好综合基础。

伴随着社会的快速发展,各行业对法律人才的素质要求也不断提高。近年来,法学教育领域的实践探索表明,单纯的理论知识传授已难以满足社会对法律人才的需求。综合素质教育模块应着重从法律素质、文化素质和法律职业伦理三个方面进行人才培养。法律素质培养强调学生扎实的法学理论基础与敏锐的法律思维能力的培育;文化素质培养则注重跨学科知识的广泛涉猎,如经济学、管理学、社会学、政治学等,以拓宽学生的知识视野,增强其综合分析和解决问题的能力;而法律职业伦理的培养,则是塑造学生公正无私、高度社会责任感的重要一环。

(五) 创业教育模块

创业教育在现代高等教育中日益受到重视。创业教育是一种以实践性活动和课程教学为载体,培养高校学生适应未来社会进行创业活动所需的创业意识、创业知识、创业能力,并将其内化为学生自身的创业素质的教育培养形式。[1]该模块在课程设置上侧重应用技术性强和案例型课程的开设,并与社会发展紧密结合,请企业家和创业型人才进课堂,以现身说法激发学生创业的积极性,调动其创业的主观能动性,提高学生的心理适应能力。创业教育模块旨在为学生打造一个全方位、多层次的创业教育生态系统,有效提升学生的创业能力和心理适应能力,为他们毕业后成功创业或适应社会提供有力支持。

1. 课程设置

(1) 应用技术性强的课程。开设与法律相关的创业管理、市场营销、财务管理、商业计划书撰写等实用性强的课程,帮助学生掌握创业所需的基本技能。

(2) 案例型课程。引入国内外成功的法律行业创业案例,特别是与法学专业紧密相关的创业故事,通过案例分析,让学生深刻理解创业过程中的挑战与机遇。

(3) 跨学科课程。鼓励学生选修信息技术、大数据分析、人工智能等跨学科课程,以拓宽视野,适应现代社会对"法律+科技"复合型人才的需求。

---

[1] 徐恒、钟镇、李朝阳:《创新创业政策与教育实践——基于河南省高校的实证研究》,中国经济出版社2022年版,第71页。

2. 社会实习与实践

(1) 创业实习。与创业孵化器、初创企业、律师事务所等建立合作关系，为学生提供创业实习机会，让学生亲身体验创业环境，了解创业流程。

(2) 社会实践项目。组织学生参与法律援助、公益创业等社会实践，培养学生的社会责任感和解决实际问题的能力。

3. 嘉宾讲座与导师制度

(1) 企业家和创业型人才进课堂。定期邀请具有丰富创业经验的企业家、律师、投资人等作为客座讲师，分享他们的创业经历、市场洞察和人生智慧，激发学生的创业热情。

(2) 创业导师制度。为每位学生配备创业导师，提供一对一的指导，帮助学生解决创业过程中遇到的具体问题，制定个性化的创业规划。

4. 创业竞赛与模拟演练

(1) 创业竞赛。组织校内外的创业竞赛，鼓励学生提交创业项目，通过竞赛形式锻炼学生的团队协作、项目策划和路演能力。

(2) 模拟创业演练。模拟真实的创业环境，让学生在模拟过程中体验市场调研、产品定位、融资策略等创业关键环节，提高实际操作能力。

5. 心理调适与压力管理

(1) 心理适应能力培训。针对学生在创业过程中可能面临的心理压力和挑战，开设心理调适与压力管理课程，帮助学生建立健康的心理机制，提高抗压能力。

(2) 职业生涯规划。结合创业教育，开设职业生涯规划课程，引导学生明确个人发展目标，制定合理的职业规划。

（六）实践类课程

1. 社会实践训练

这类课程通常包括社区服务、法律援助、法律宣传等活动，旨在让学生走出校园，接触社会，了解法律在社会中的实际应用和影响，引导学生将所学法律知识运用于服务社会。通过参与社会实践，学生可以增强社会责任感，提升法律服务的意识和能力。

2. 专业拓展训练

专业拓展训练课程包括案例分析、法律技能工作坊、法律软件应用等课程，旨在拓宽学生的专业视野，提升其法律研究、写作、辩论、谈判等专业技能。这些训练有助于学生更好地适应未来法律职业的需求。

3. 模拟法庭实习

模拟法庭实习是实践课程中非常受欢迎的实践环节。学生扮演法官、检察官、律师、当事人等角色，通过模拟真实的法庭审判过程，体验法律程序的运作，锻炼法律思维、口头表达和应变能力。

4. 法律思维训练

法律思维训练课程注重培养学生的逻辑思维、批判性思维和问题解决能力。这类课程通过案例分析、逻辑推理、法律论证等方法，帮助学生掌握法律思维的基本方法和技巧，提高法律分析和决策的能力。

5. 毕业实习

毕业实习是法学教育的重要组成部分，通常安排在学生即将毕业之前进行。学生将在律师事务所、法院、检察院等法律机构进行为期数月的实习，参与实际法律工作，了解法律职业的真实面貌。毕业实习有助于学生将所学知识与实践相结合，为未来的职业生涯做好准备。

6. 毕业论文撰写

毕业论文撰写是法学教育中的一项重要任务,要求学生选择一个具有研究价值的法律问题进行深入研究,并形成书面文字。毕业论文的撰写不仅考验了学生的专业知识、研究能力和写作能力,还培养了学生的独立思考能力和创新能力。通过毕业论文的撰写和答辩,学生可以展示自己的学术成果和综合素质。

二、适度增加学生综合能力训练的教学内容

(一)以分析问题、解决问题的能力培养为重点

单纯的法律理论积累并不能有效应对现代社会的复杂需求。法学专业的毕业生若要有效地应对未来社会的挑战,就必须具备深入剖析问题和解决问题的能力。要发展学生分析和解决问题的能力,最有效的方式就是让学生多接触真实案例,将书本上的法律知识转化为实践能力。教师在教学过程中要广泛引入具体法律案例,运用案例教学法,为学生提供一个将理论知识与实际应用相结合的平台。具体案例不仅是分析的素材,更是激发学生思维火花、促进其深度理解的媒介。学生在此过程中,能够学会如何从复杂的事实中提炼出法律要素,如何运用法律原则进行逻辑推理,以及如何通过多元视角寻求合理的解决方案。

相应的评价体系也应进行调整,以更全面地反映学生的能力发展。传统的闭卷考试虽然能测试学生对知识的记忆程度,但难以衡量其理解和应用的能力。学校可以对一些核心课程采用论文形式结课,要求并辅导学生完成一篇质量较高的课程论文,鼓励学生深入研究某一法律议题,通过查阅资料、分析案例、提出观点等过程,展现其分析能力、逻辑思维能力和表达能力。

(二) 以表达能力训练为中心

1. 口头表达能力的培养

（1）基本概念的口头表达。概念是法学理论的最小单位，是从事一切法律工作的基础。教师在教学过程中可以要求学生准确地表达法学的基本概念。具体要求如下：

①定义清晰化：教师应确保自己对法学基本概念有准确无误的理解，并能以通俗易懂的方式传达给学生。具体可通过举例说明、对比分析等方法，帮助学生深刻理解概念的内涵与外延。

②练习与反馈：教师应鼓励学生在课堂上或小组讨论中频繁使用这些概念进行表达，并及时给予正面反馈和必要的纠正，以帮助学生巩固记忆并提升表达的准确性。

③概念串联：教师应引导学生将多个相关概念串联起来，形成知识体系，这不仅有助于增强学生的记忆力，还能提升学生在复杂情境中准确运用概念的能力。

（2）课堂案例分析。案例分析的主要优点是能够为学生创设一种真实的法律环境，提供进行法律分析的素材和机会，增强学生的语言表达能力。具体做法如下：

①精选案例：教师应选择具有代表性、时效性和争议性的案例，确保案例能够涵盖课程的核心知识点，并激发学生的兴趣和思考。

②深入分析：教师应引导学生从法律原则、法律规定、司法实践等多个角度对案例进行深入剖析，要求学生观点鲜明，并能运用所学理论支持自己的观点，培养他们的逻辑思维和批判性思维能力。

（3）开设辩论课程。在教学环节中增设辩论课，教师仅仅充当主持角色，目的是充分发挥学生的能动性。具体做法如下：

①热点聚焦：教师应定期更新辩论主题，确保它们与当前法律界的热点问题紧密相连，激发学生的参与热情和关注度。

②资料搜集与整理：教师应指导学生如何高效、准确地搜集

和整理相关资料,培养他们的信息检索和整合能力。

③辩论技巧培训:教师应教授学生辩论的基本技巧,如何构建论点、如何有效反驳对方观点、如何运用肢体语言增强说服力等。

④模拟法庭:教师应结合诉讼法的教学,组织模拟法庭活动,让学生在模拟的法庭环境中进行辩论和审判,全面锻炼他们的口头表达能力、法律思维能力和团队协作能力。

2. 书面表达能力的培养

(1) 案例书面分析,具体要求如下:

①明确指导:在布置书面分析作业前,教师应提供明确的指导,包括分析的角度、应涵盖的要点、期望的论述深度等,帮助学生明确写作方向和标准。

②结构清晰:教师应要求学生按照引言、案例背景、问题分析、结论等逻辑结构进行写作,确保文章条理清晰,易于阅读和理解。

③观点鲜明:教师应鼓励学生勇敢表达自己的观点和看法,并通过合理的论据和论证来支持自己的观点,使文章具有说服力和感染力。

④反馈与修改:教师应对学生的书面分析进行细致的阅读和批改,提供具体的反馈意见,并指导学生进行修改和完善,以提升他们的写作能力和水平。

(2) 处理案件的书面报告,具体要求如下:

①法律文书写作训练:教师应结合实体法教学的不同阶段,选取或设计典型案例,要求学生撰写相应的法律文书,如起诉状、答辩状、判决书等。通过实践训练,让学生掌握法律文书的格式、用语和写作技巧。

②模拟法庭,运用法律文书:在模拟法庭的所有环节中,教师应要求学生充分运用自己撰写的法律文书,通过实际操作来检验和完善自己的书面表达能力。

③规范与简练：强调法律文书的规范性和简练性。教师应要求学生严格遵守法律文书的格式要求，用词准确、表达清晰、逻辑严密。

（3）阶段论文写作，具体要求如下：

①选题指导：教师应提供选题指导，帮助学生根据自己的兴趣和所学知识选择适合的论文题目，确保论文选题具有学术价值和实际意义。

②研究方法：教师应教授学生基本的学术研究方法和写作技巧，包括文献综述、数据分析、论证方法等，引导学生进行科学、系统的研究。

③论文质量把控：要求学生严格遵守学术论文的写作规范，确保论文内容有理有据、论据充分、论证有力。教师应加强对学生论文质量的把控，通过审阅、修改和答辩等环节，确保学生论文的学术水平和质量。

三、完善实践课程体系

将实践教学环节纳入教学计划必修学时，并对其进行独立设置和内容优化，是完善实践课程体系、增强学生实践能力的重要举措。下面以模拟法庭实践课为例进行说明。

（一）模拟法庭实践课的独立与学时保障

1. 模拟法庭实践课的独立设置

模拟法庭实践课应贯穿法学教育的多个阶段，从基础年级到高年级逐步深入，使学生在不同学习阶段都能得到相应的实践锻炼。学校可以将模拟法庭实践课从诉讼法课程中独立出来，并增加其学时数，确保每位学生都能充分参与并扮演多个角色，全面体验法庭审判的各个环节。

2. 模拟法庭实践课与其他课程的协同

模拟法庭实践课应由程序法教师和实体法教师共同指导，形成跨学科的教学团队。这样既能确保学生掌握程序法知识,又能让其深入理解实体法的应用,实现程序法与实体法的有机结合。还可以与案例分析课程进行整合,精选具有代表性和综合性的案例,让学生在模拟法庭中综合运用所学知识进行分析和辩论,提高解决实际问题的能力。

(二) 实践教学内容的多样化

1. 法律调查与咨询

(1) 实践基地。学校可与律师事务所、法院、检察院等合作,建立校外法律实践基地,为学生提供法律调查和咨询的实践机会。

(2) 任务导向。教师可以设计具体的法律调查任务和咨询项目,让学生在实践中学习如何收集证据、分析案情、提出法律意见等。

2. 教学实习与毕业实习

(1) 实习规划。学生在阶段性修完专业课程后,必须深入司法实践,从事具体法律事务活动,促进理论与实践相结合。学校需制定详细的教学实习和毕业实习计划,明确实习目标、要求、时间、地点、指导教师、纪律、实习考核等内容;并可与多家司法机关和法律服务机构签订长期协作协议,建立稳定的实习基地。

(2) 实习监督与考核。学校应加强与实习单位的沟通与合作,定期了解学生在实习中的表现和收获,及时给予指导和帮助。实习单位应对每个学生在实习期间的业务能力、工作态度、道德品质、组织纪律等方面的情况进行全面考核,写出综合评语。

(三) 其他实践课程的同步安排

1. 法律辩论

学校应定期举办法律辩论赛或研讨会,为学生提供展示自己观点和口才的平台。同时也应邀请法律界专家或资深律师担任评委,对学生的辩论表现进行点评和指导。

2. 旁听庭审

学校可以定期组织学生到法院旁听庭审，让学生了解法庭审判的实际情况和程序要求。旁听结束后还应组织学生进行讨论和反思，分享自己的感受和收获。

3. 案例讨论

教师可以选取具有典型性和争议性的案例，组织学生分组进行讨论，鼓励学生发表自己的见解和看法，激发学生的思考和讨论热情。

第二节 实践技能和理论知识的结合

在当前社会对应用型法律人才的需求日益增长的背景下，法学教育不仅要注重学生理论知识的积累，更要强化其实践技能的培养。实践技能和理论知识的紧密结合，是实现应用型人才培养目标的关键。实践技能和理论知识的结合需要在课程设计、教学方法、实践教学与理论教学的对接等多个方面进行综合考虑和有效实施。

一、课程设计注重实践技能和理论知识的融合

（一）交叉课程

交叉课程即融合不同学科或领域内容的课程，其设置是法学教育中促进理论与实践结合的有效途径。这类课程不仅能够拓宽学生的知识面，还能够使学生在学习过程中更加全面地理解法律现象和问题。在法学领域，设计一些交叉课程或在已有课程中增加融合内容，具有重要意义。

1. 课程设计理念

交叉课程的设计理念在于打破传统教学中理论与实践的界限，通过整合不同领域的知识和资源，构建一种既注重理论深度又强

调实践应用的教学模式。这种课程模式旨在培养学生的综合素质，使他们既能够深刻理解法律理论的精髓，又能够灵活运用这些知识解决实际问题。

2. 课程内容设计

交叉课程可以尝试融合不同学科的知识，如法学与经济学、社会学、心理学等。这种跨学科的教学方式有助于拓宽学生的视野，使他们能够从多个角度审视法律问题，从而更全面地理解法律现象的本质和规律。

（二）案例分析

在理论课程中大量引入案例分析，能够使学生将抽象的法律理论知识与具体的法律实践紧密结合起来，帮助学生深入理解法律条文背后的逻辑与原则，并培养他们的法律思维和问题解决能力。为了确保案例分析能够全面锻炼学生的法律思维，案例的选择应具有多样性和代表性。教师应根据教学目标和课程内容，精心挑选涵盖不同类型、不同领域、不同难度的案件。这些案例可以是历史经典案例、当代热点案件、国际知名案件等，以确保学生接触到丰富多样的法律实践场景。

（三）实践导向的理论教学

在理论教学中，教师应注重引导学生思考如何将理论知识应用于实践。教师在设计理论教学内容时，应明确教学目标，即不仅要让学生掌握法律理论的基本概念和原则，还要引导他们思考如何将这些理论应用于实际情境中。在教学内容的安排上，教师应注重将理论知识与司法实践、社会热点等问题相结合，通过具体案例分析、法律条文解释、司法判决分析等方式，让学生感受理论知识的实践价值。在讲解某个法律原则时，教师应注重探讨该原则在司法实践中的具体应用和可能遇到的问题。教师可以结合司法判决、法律解释、学术观点等多种资源，对该原则的历史背景、适用范围、限制条件等进行深入分析。教师还可以引导学生思考该原则在特定情境下的适用性和合理性，以及可能产生的法律效果和社会影响。这种探讨有助于学生更加全面地理解法律原则的内涵和外延，并提高他们的法律实践能力。

二、教学方法的多样化

教学方法的多样化，能够增强学生学习的互动性和参与性、模拟真实法律环境、促进知识的整合与应用以及激发学生学习兴趣和培养学生自主学习能力等，有效地促进法学教育中实践技能和理论知识的结合，有利于提升学生的法律素养和实践能力。

（一）增强学生学习的互动性和参与性

多样化的教学方法，如案例教学和翻转课堂，强调学生的主动参与和互动。在案例教学中，学生需要分析讨论真实的或模拟的法律案例，这一过程中，他们必须运用所学的理论知识来解析案例，在实践中深化对理论的理解。翻转课堂则通过让学生在课前自主学习理论知识，将课堂时间用于深入讨论和实践，这种教学模式增强了课堂的互动性，使学生能够在实践中及时应用并检验所学知识。

（二）模拟真实法律环境，提升学生实践能力

模拟法庭和法律诊所等教学方法为学生提供了接近真实的法律实践环境。在模拟法庭中，学生模拟法官、律师等角色，参与庭审过程，这要求他们不仅掌握扎实的法律理论知识，还须具备应对复杂庭审情况的实践能力。法律诊所则让学生直接面对真实的法律问题，为他们提供法律咨询、代理诉讼等服务，这种实战演练极大地提升了学生的法律实践技能。

（三）促进知识的整合与应用

项目式学习是一种综合性的教学方法，它要求学生围绕某个具体的法律项目或问题，综合运用所学的理论知识进行研究和实

践。这种方法不仅要求学生掌握扎实的法律基础知识,还要求他们具备跨学科的知识整合能力和解决实际问题的能力。在项目实施的过程中,学生需要将理论知识与实际问题相结合,通过团队合作、实地调查、文献研究等方式,探索解决问题的方案。这一过程促进了学生对理论知识的深入理解和灵活应用。

(四) 激发学生学习兴趣,培养学生自主学习能力

多样化的教学方法还注重培养学生的自主学习能力和创新能力。翻转课堂等模式鼓励学生在课前通过自学掌握理论知识,这有助于培养他们的自主学习能力。在案例分析、模拟法庭等实践环节中,学生需要独立思考、分析问题并提出解决方案,这有助于培养他们的创新思维和解决问题的能力。这些能力对于学生在未来的法律实践中灵活运用理论知识、应对复杂问题具有重要意义。

三、实习实训与理论教学的无缝对接

(一) 实习过程中的指导与反馈

在学生实习期间,教师应保持与学生的密切联系,及时了解他们在实习中遇到的问题和困惑。这可以通过定期的电话沟通、实地探访、在线交流等方式实现。当学生遇到难题时,教师应结合理论教学进行解答和指导,帮助他们将理论知识应用于解决实际问题中。教师还应鼓励学生主动反馈实习情况,分享实习经验和心得,以便及时调整教学计划,满足学生的实际需求。

(二) 实习后的总结与反思

实习结束后,教师应组织学生进行总结与反思。具体可以采取撰写实习报告、开展实习交流会等形式。在实习报告中,学生应详细描述实习过程、遇到的问题及解决方法、实习收获与体会等;在实习交流会上,学生可以分享自己的实习经历,与教师和同学共同探讨实习中的问题和挑战。通过总结与反思,学生可以

进一步巩固所学知识，提升实践能力，同时也为未来的职业发展打下坚实的基础。

(三) 分析反馈数据，识别教学需求

学校在收集到反馈信息后，需要进行系统的分析，以识别出教学中的关键问题和学生的实际需求。如分析学生对某个法律概念理解不深入的原因，是理论教学讲解不够清晰，还是实践操作中缺乏相关案例；评估实践教学环节的安排是否合理，是否能够满足学生提升实践能力的需求；识别学生在理论与实践结合方面存在的普遍困难和特殊需求，等等。学校根据反馈分析结果，可对理论教学和实践教学进行有针对性的调整和优化。

下面以内蒙古某法学院的于同学在律师事务所实习所得到的收获与感悟为基础，结合上文内容，分别从实习过程中的指导与反馈、实习后的总结与反思、分析反馈数据，识别教学需求三个角度来分析应如何从理论与实践结合的角度进行法学专业实践教学。于同学的实习收获与感悟详见附录一。

一、实习过程中的指导与反馈

(一) 理论与实践相结合

在实习期间，于同学参与了各类案件和法律事务的处理，通过亲身实践验证了课堂上学到的理论知识。这种实践机会不仅加深了于同学对法律知识的理解，还帮助他认识到理论与实践之间的差异和联系。

律师们通过具体案例的讲解和指导，帮助于同学直观理解法律条文在实际操作中的应用，增强了其学习的针对性和实效性。

(二) 及时反馈与调整

实习期间，学校教师经常通过电话或聊天软件等与于同学进行沟通，了解其在实习单位的工作动态、遇到的问题及困惑，并给予其相应的帮助；并鼓励于同学及时反馈实习情况，包括工作进展、遇到的挑战及解决过程，以及个人成长与收获。

律师们在指导过程中，及时给予于同学反馈，指出他在工作中的不足和需要改进的地方。这种及时的反馈机制有助于于同学及时纠正错误，调整学习方法，提高学习效率。通过与律师们的沟通和交流，于同学能够及时了解法律行业的最新动态和趋势，以及市场对法律人才的需求，从而有针对性地调整自己的职业规划和学习方向。

二、实习后的总结与反思

（一）总结实践经验

实习结束后，于同学对实习期间的经历进行了全面总结，梳理了自己在实践中遇到的问题和困难，以及解决问题的方法和策略。这种总结有助于巩固和深化实践成果，提升其实践能力。

（二）反思不足与改进

于同学在总结中反思了自己在实习中的不足之处，如法律文书撰写能力有待提高、时间管理能力需要加强等。针对这些不足，他制定了相应的改进措施，如参加培训课程、请教合作律师等。通过反思和改进，于同学不仅提升了自己的专业能力，还培养了自我反思和自我提升的习惯，为未来的职业发展奠定了坚实的基础。

（三）职业素养的培养

实习经历让于同学深刻认识到法律职业的责任和道德要求，这也从侧面表明学校对于学生职业素养的培养至关重要。学校应在实践教学中注重培养学生的职业道德和法律伦理意识，让学生在未来工作中能够秉持公正、诚实和合法的价值观。

三、分析反馈数据，识别教学需求

（一）反馈数据的收集与分析

学校可以通过收集和分析类似于于同学这样的实习生的反馈数据，了解学生在实习过程中的表现和遇到的问题，以及市场对法律人才的需求和变化。

通过数据分析,学校可以识别出学生在实践能力、专业知识、职业素养等方面的短板和不足之处。

(二) 教学需求的识别

根据反馈数据,学校可以识别出法学专业实践教学中的不足之处,评估理论教学与实践教学衔接存在的问题,如缺乏实际操作机会、课程内容与实际工作脱节等。针对这些问题,学校可以调整课程设置,增加实践教学环节,优化课程设置及教学内容,以满足学生的实际需求。

(三) 教学改进措施

针对识别出的教学需求,学校可以改进教学策略和方法,如增加案例分析、模拟法庭等实践教学环节,提高学生的实践能力和综合素质;加强与律师事务所等法律实务部门的合作,为学生提供更多的实习机会和实践指导;增加更为丰富的实践教学课程,如法律实务操作、法律文书写作等,提高学生的实践能力;邀请法律实务专家走进课堂,分享实际工作经验,拓宽学生的视野;建立学生实践档案,记录学生的实践经历和成长过程,为学生提供个性化的教学指导。

第三节 案例教学和模拟法庭

一、案例教学

(一) 案例教学的内涵

案例教学是一种开放式、互动式的教学方法。[1]它是教育者

---

[1] 邢小强编著:《创业学课程思政中的案例教学》,对外经济贸易大学出版社2022年版,第3页。

根据一定的教育目的,以案例为基本教学材料,将学习者引入教育实践的情境中,通过师生之间、生生之间的多向互动、平等对话和积极研讨等形式,提高学习者面对复杂教学情境的决策能力和行动能力的一系列教学方式的总和。[1]法学专业案例教学能够从内容、空间、场所和条件等方面为学生创造一个主动实践的环境和氛围。

1. 案例教学的两个阶段

应用型人才培养目标下,法学专业实践教学中的案例教学主要包含理论教学阶段与实践教学阶段两个阶段。

(1) 理论教学阶段。在理论教学阶段,案例教学被巧妙地融入传统讲授模式中,旨在激发学生对法律知识的浓厚兴趣。教师通过精心挑选的案例,引导学生在课前预习时即产生好奇与探索欲。课堂上,教师首先以系统讲授为基础,搭建起法律原理的框架,随后通过深入分析具体案例,鼓励学生积极参与讨论,从多角度剖析案例背后的法律逻辑与适用原则。这一过程不仅锻炼了学生的法律思维能力,还促进了师生间的互动交流,使学生在思维碰撞中自主归纳出案例中蕴含的普遍法律原理,实现了从理论到实践的初步跨越,确保了理论教学的生动性与实效性。

(2) 实践教学阶段。在实践教学阶段,案例教学是培养学生实践能力的重要手段,教师通过挑选典型案例,组织学生进行学习讨论,深入剖析案例细节。在解决案例问题的过程中,学生不仅自我检验了对基础知识和法律原理的掌握程度,更清晰地认识到自身理解的短板与不足。可见,在这一阶段,案例教学不仅极大地激发了学生的学习兴趣与探索欲,还促使学生跳出传统框架,大胆发散思维,勇于提出独到见解。

---

[1] 韩秀平、李一鸣:《基于数学建模的大学生创新能力培养及评价方法研究》,黑龙江大学出版社 2023 年版,第 1 页。

2. 案例教学的主体

案例教学的主体是学生，但其核心是师生间的良好互动与共同参与。教师扮演着辅导者与引导者的角色，鼓励学生跳出既有框架，勇于探索发现，不断拓展思维。通过精心引导与适时启发，教师不仅能够有效调控教学节奏，还能以批判者的视角激发学生深层思考，促进师生之间、生生之间观点的碰撞与交融，进而引导学生自主地对案例进行剖析、归纳及就法律适用展开逻辑推理，鼓励其在与他人的观点碰撞中坚持自己或借鉴他人，拓展其思维广度与深度，真正把学习的主动权交给学生，为学生创设更多自由发展的空间。

（二）案例教学中应精选案例，凸显教育功能

1. 选择社会关注度高的典型案例，并不断更新教学内容

在案例教学实践中，精选社会关注度高的典型案例是提高教学质量的重要方法，这类案例不仅能够展现现实生活的复杂性与多样性，还因其实时性而能及时反映法律与社会变迁的交织影响。通过分析这些鲜活的案例，学生不仅能够直面法律实践中的不确定变量，深化对法律条文背后逻辑与价值的理解，更能在分析过程中锻炼自己解决实际问题的能力与基于多元立场的批判性思维能力。法律议题的社会化倾向，使得相关案例能够迅速成为公众关注的焦点，教师选择社会关注度高的案例无疑能激发学生的讨论热情，营造浓厚的学术研讨氛围。对此教师需密切关注时事动态，灵活调整教学内容，确保案例教学的时效性与针对性。

2. 积极维护司法公平正义，实现价值引领

教师在案例选取上需精心策划，以展现我国司法制度设计的科学性与人文关怀，并通过剖析具体案例，让学生深刻理解制度运行的细节与成效，认识到司法在维护社会秩序、促进公平正义中的核心作用，在潜移默化中培养学生的法治信仰与正义感，实

现专业知识传授与价值引领的有机统一。

(三) 案例教学应以问题为导向

新时代的法学教育应当强化问题意识,这在一定程度上能够激发学生的内在潜能。案例教学通过鼓励学生在实践中主动探索、深刻剖析并妥善解决各类法律问题,深化其对法学理论的理解,提升应对复杂法律情境的能力。教师应筛选富含现实挑战的案例,引导学生深入剖析社会热点与法律前沿问题,促使他们在解决问题的过程中,不断锤炼创新思维,提升批判性思维能力和法律实践能力。

在案例教学的实施中,教师需精心设计教学过程,以促使学生自主发掘并提出问题,这体现的是以学生为中心、尊重学生主体性的教育理念。以问题为核心的教学方法,能够激活学生在法学理论学习中的探究精神,促使他们结合实践案例进行深入分析,并有效改进纯粹理论讲授可能存在的不足。通过案例讨论,学生不仅能增进对法律实务操作程序及职责分工的理解,还能敏锐地捕捉到实际运作中潜在的问题与挑战。在此基础上,学生将实践问题提炼并升华为法学研究议题,这一过程实现了从具体实践到抽象理论,再由理论反哺实践的双向互动,深化了对法律实践与法学理论的双重理解与洞察。

具体而言,就是在案例教学实施过程中,教师要将关键问题巧妙融入案例讨论任务之中,以此作为驱动学生自主学习的引擎。学生则通过个体努力及小组合作等多种学习模式,深入剖析案例,完成任务,实现知识的内化与能力的提升。在教学过程中,教师应引导学生意识到问题的提出与探讨是检验其法学基础理论掌握程度的试金石,以促使他们运用所学理论对现实当中的案例在司法实践层面进行深刻反思。

(四) 案例教学中可应用情景教学法

法学专业实践教学的核心价值在于促使学生将法学基础理论

转化为解决实际法律问题的能力，简单地应用法律规则来处理案件和熟悉司法审判的一般流程。在此基础上，将情景教学法融入案例教学，成了一种高效且富有创新性的教学模式，为法学专业实践教学注入了新的活力，有利于激发学生的学习兴趣和积极性，全面提升他们的法律素养和实践能力。

情景教学法通过模拟真实的司法环境或特定法律场景，使学生能够身临其境地扮演法官、律师、当事人等角色，在模拟的实践中深刻体会法律职业的复杂性与挑战性。在案例教学中融入情景教学法，不仅能够加深学生对法律实务部门职责与程序的理解，还能促使他们在模拟实践中主动思考如何将理论知识应用于解决实际问题，进而在理论与实践之间架起一座坚实的桥梁。在情景教学中，学生需要依据自身角色定位，运用所学法律知识，对案例进行深入剖析，并探索解决问题的最佳路径。这一过程不仅锻炼了学生的法律思维能力和实践能力，还培养了他们的职业道德和社会责任感。通过角色扮演，学生能够更直观地感受到法律职业的道德标准与行为操守，在内心深处树立起对法律精神和法律职业精神的崇高敬意。

情景教学法还有助于学生理解司法实践中理论与实践之间的差异与联系。在模拟的司法环境中，学生需要学会如何运用裁判方法、如何充分释法说理，以在形式正义的基础上追求实质正义。这一过程提升了学生的法律素养，为他们未来成为优秀的法律工作者打下了坚实的基础。

二、模拟法庭

（一）模拟法庭的含义

模拟法庭也叫假设法庭，是一种高度仿真的教学活动，其核心在于"模拟"与"实践"。模拟法庭通常将较为复杂的案件

(多为真实案件)作为素材,组织学生在接待当事人、处理分析法律关系、书写法律文书和庭审辩论等各个环节进行原被告双方(控辩双方)论辩,使学生获得相关经验,提高自身的实务技能。[1]

在教师的精心指导下,学生扮演不同的法律角色,如法官、检察官、律师、案件当事人及其他诉讼参与人等,通过模拟真实的法庭审判过程,运用所学的法律知识,解决法律纠纷,体验法律职业的魅力与责任。模拟法庭活动不仅考验了学生的法律素养和专业技能,还锻炼了他们的逻辑思维、口头表达、团队协作以及应对突发情况的能力,更为学生提供了一个深入了解司法程序、感受法律威严、培养法治信仰的宝贵平台。

(二)模拟法庭的构成

依据上述含义,模拟法庭涉及两个方面内容,即学生模拟当前司法体制进行模拟审判活动和老师或法律工作者进行指导。

1. 学生模拟当前司法体制进行模拟审判活动

这是模拟法庭活动的核心环节。在教学实践中,学生需要全面了解并严格遵守我国现行的司法体制和诉讼程序,从案件的立案、调查取证、起诉、审判到执行,每一个环节都要力求真实、准确。学生需要根据案情,撰写法律文书,如起诉状、辩护词、判决书等;在模拟庭审过程中,严格按照法庭规则进行,包括法庭布置、人员着装、庭审流程等,都力求与真实法庭无异,这可以让学生直观地感受到法律程序的严谨性和法律职业的严肃性,加深对法律条文和司法实践的理解。

2. 教师或法律工作者进行指导

模拟法庭活动的顺利进行离不开专业人员的指导。在模拟法

---

[1] 王丽媛:《法学教育与实践教学研究》,延边大学出版社2023年版,第59页。

庭活动中,教师或具有丰富实践经验的法律工作者不仅要在活动前为学生提供必要的法律知识和技能培训,还要在活动过程中进行实时指导和点评,帮助学生发现并纠正错误,提升法律素养和专业技能。指导人员还可以根据模拟法庭的实际情况,灵活调整教学内容和方法,使教学活动更加贴近实际、更具针对性。通过他们的悉心指导,学生可以更快地成长为具备扎实法律功底和良好职业素养的法律人才。

(三) 模拟法庭的特征

模拟法庭在法学专业实践教学中具有显著的特征和优势,它不仅能够帮助学生将理论知识与实践相结合,还能够培养学生的实践能力、团队协作精神和应变能力等综合素质。模拟法庭的特征见表5-1。

表5-1 模拟法庭的特征

特征		具体解释
真实性	硬件布局的真实性	模拟法庭的硬件布局严格按照现行法庭的一般规格设置,包括审判席、公诉席、辩护席、旁听席等,营造出真实的法庭氛围
	程序规范的真实性	在具体案件的审判过程中,模拟法庭应尽量严格按照有关法律的规定进行,确保学生能够在实践中学习并掌握法庭审判的流程和规范
	过程的真实性	由于模拟法庭事先并不进行实质性的排练,学生在庭审过程中需要根据实际情况进行临场发挥,这有助于锻炼学生的应变能力和实战能力

续表

	特征	具体解释
模仿性	场景再现	模拟法庭通过模拟真实的法庭场景，再现法庭审判的各个环节和细节，使学生能够在模拟的环境中学习和掌握法庭审判的技巧和方法
	角色模仿	在模拟法庭中，学生需要分别扮演法官、检察官、律师、案件的当事人以及其他诉讼参与人等角色。这种角色模仿的方式能够让学生更加深入地理解不同角色的职责和定位
协作性	团队协作	学生需要在团队中协作完成案件的模拟审判，这有助于培养学生的团队精神和协作能力
保密性	准备工作的保密性	在模拟法庭开庭之前，各组人员只能根据案件的情况各自准备相关的诉讼材料和法律文书，查找相关的法律、法规。除进行必要的沟通和按照法律规定提交相关材料，各组的准备工作对外是保密的

（四）模拟法庭的具体实施

1. 选择教学地点

在模拟法庭的教学实践中，课程地点的选择无疑是一个关键环节，它直接影响到学生能否真正沉浸于法庭的庄重氛围之中，深刻体会法律的严肃性与崇高性。由于校园内的资源限制，学校需要采取一定的措施来满足模拟法庭的教学需要，避免出现模拟法庭不够正规、不能够将其本身的优势充分发挥出来的现象。模拟法庭的教学地点选择应当遵循庄重性、独立性和实践性的原则，通过合理的布局、装饰和氛围营造，以及丰富的实践元素融入，为学生提供一个真实、生动、有效的学习环境，让他们在模拟审判的过程中真正感受到法律的严肃性和崇高性，从而培养他们的法律素养和实践能力。

在实际教学中，教师不能简单地将任何一间教室视为模拟法庭的场地。理想的模拟法庭应当是一个相对独立且安静的空间，能够隔绝外界的干扰，让学生全身心地投入模拟审判的过程中。学校应当积极寻找或改造这样的场所，比如利用闲置的会议室、报告厅或是特设的法学实训中心，通过合理的布局和装饰，使其尽可能接近真实法庭的环境。在场地选择的基础上，学校还需要注重氛围的营造。例如，悬挂国徽、法徽等象征性物品，摆放法官席、公诉人席、辩护人席等必要的设施，以及通过灯光、音响等增强现场的庄重感。

2. 布置现场

模拟法庭的现场布置是一项复杂而细致的工作，需要教师具备高度的专业素养和责任心。只有在每一个细节上都做到尽善尽美，才能最大限度地还原真实法庭的场景，提高模拟法庭的真实性和有效性，为学生的法律学习和职业发展奠定坚实的基础。

（1）法槌作为法庭审判的象征性物品，不可或缺。在模拟法庭中，法槌的摆放位置应准确无误，其使用也应遵循法庭审判的规范流程，让学生在每一次敲击声中都能感受到法律的权威与公正。

（2）不同工作人员的工牌是区分角色身份的重要标志。从法官、检察官、辩护律师到被告人、证人等，每一个角色都应有其专属的工牌或徽章，以明确各自的职责和地位。这样的细节处理，有助于学生在模拟审判中更加清晰地认识自己所扮演的角色，能够更加投入地参与到法庭活动中去。

（3）桌椅板凳的摆放也是不可忽视的一环。法庭的布局应严格按照真实法庭的标准进行，法官席、公诉人席、辩护人席、被告人席、旁听席等各个区域应划分明确，桌椅的摆放也应整齐有序。这样的布置不仅有利于维护法庭的庄严氛围，还能帮助学生更好地适应法庭审判的节奏和流程。

（4）对于法庭上应该出现的角色，教师也应确保其配置齐全。从主角到配角，每一个角色都有其存在的意义和价值。通过角色扮演的方式，学生可以更加深入地理解法庭审判的各个环节和程序。

3. 准备教学资料

教学资料的准备是模拟法庭教学的重要一环，它直接关系到教学活动能否顺利进行以及学生的学习效果。学校通过全面的设备配置、精选的案例资料及丰富的法律资料与工具支持，可以为学生提供一个真实、生动、有效的学习环境，促进他们的法律素养和实践能力的提升。

（1）设备准备。

学校应确保模拟法庭配备有先进的电子设备，如电脑、投影仪和摄像机等，以记录案件发生的全过程，供学生后续回顾和分析，还可以投影展示案件资料、法律条文等，提高教学效率。除了摄像机外，学校还应考虑配备专业的录音设备，以确保法庭谈判的每一个细节都能被准确记录。这些录音录像资料可以作为学生自我评估和教师评价的重要依据。

（2）案例资料准备。

教师应根据教学目标和学生实际情况，精心挑选具有代表性的真实案例作为模拟法庭的素材。这些案例应涵盖不同类型的法律纠纷，涉及的法律问题应具有典型性和争议性，以激发学生的学习兴趣和思考能力。教师应提前向学生提供详细的案例背景资料，包括案件事实、证据材料、相关法律法规等，帮助学生全面了解案件情况，为他们后续实际参与模拟法庭做好充分准备。

教师可以根据案例情况为学生分配不同的角色，并提供角色剧本或指导思路，帮助学生明确自己在模拟法庭中的职责和表现重点，鼓励学生根据角色特点和案件事实进行自主创作和发挥。

（3）法律资料与工具准备。

学校应为学生提供最新的法律手册或法律汇编，以便学生在模拟法庭谈判过程中随时查阅相关法律法规和司法解释。除了法律手册，学校还应为学生提供相关的专业书籍，如法学教材、法学期刊、案例分析等。这些书籍应涵盖广泛的法律领域和前沿问题，帮助学生拓宽视野、深化理解。随着信息技术的发展，学校还可以为学生提供在线法律数据库、法学论坛等在线资源，方便学生随时随地进行资料查询和交流讨论。

4. 教学实施

在现场布置、教学资料准备等环节就绪后，教师便可以开始进行教学实践，具体教学流程如下：

（1）开场与角色介绍。

①教师活动：简短介绍模拟法庭的目的、重要性及此次的案件概况。

②学生活动：各角色（法官、检察官、辩护律师、被告人、证人等）依次上台，简短介绍自己所扮演的角色及基本案情立场。

（2）模拟庭审开始。

①法庭调查阶段。

教师活动：宣布庭审开始，引导进入法庭调查程序。

学生活动：

检察官（公诉人）宣读起诉状，概述指控罪名及事实依据。

被告人进行陈述，对指控进行回应。

证人依次出庭作证，接受双方询问。

辩护律师和检察官进行交叉询问，展示证据，质疑对方证据。

②法庭辩论阶段。

教师活动：宣布进入法庭辩论环节，提醒辩论规则。

学生活动：

辩护律师围绕被告人的无罪、罪轻或减轻处罚进行辩护。

检察官针对指控进行反驳，强调证据链的完整性和法律适用的正确性。

双方围绕争议焦点展开激烈辩论，运用法律知识和逻辑推理进行攻防对抗。

③被告人最后陈述。

学生活动：被告人进行最后陈述，表达个人意见和态度。

④合议庭评议与宣判（模拟）。

教师活动：宣布休庭，进行合议庭评议（实际教学中可简化为教师口头模拟宣判）。

学生活动：静待宣判，体验法庭审判的严肃性。

模拟宣判：根据案情及辩论情况，进行模拟宣判，阐述判决理由和法律依据。

（3）庭审总结与反馈。

①学生活动：各角色分享扮演心得，反思自己在庭审中的表现，提出改进建议。

②教师活动：总结庭审亮点与不足，点评学生表现，强调法律实践中的关键要点和注意事项。

③集体讨论：引导学生就案件涉及的法律问题、审判程序等进行深入讨论，拓宽思维视野。

(4) 教学评估。

①过程评价。通过观察学生在准备、彩排及正式庭审中的表现，评估其投入度、团队合作能力及法律应用能力。

②成果评价。依据角色扮演的生动性、法律知识的准确性、逻辑思维的严密性等方面，对学生提交的书面材料（如辩护词、公诉词）及庭审表现进行评分。

③自我评价与同伴评价。鼓励学生进行自我评价，并邀请同伴给出反馈，促进相互学习与提高。

5. 教学过程的留档

在模拟法庭活动过程中及结束后，教师应从内容要求、整理归档、安全保密、价值利用等多个方面入手，确保卷宗资料的完整性和可追溯性，为学生的法律学习和成长提供有力支持。

(1) 明确卷宗的内容要求。卷宗要记载案件的基本信息、起诉状与答辩状、证据材料、庭审记录、合议庭评议记录（或模拟宣判要点）、学生心得与反思，以及教师的点评与总结等内容。这些内容应全面反映模拟法庭的全过程，确保每个细节都能得到准确记录。

(2) 重视卷宗资料的整理与归档工作。每次模拟法庭活动结束后，应立即组织相关人员对卷宗资料进行整理，确保信息的准确性和完整性。要对卷宗进行分类编号，按照案件类型、时间顺序等进行有序归档，以便日后查阅和管理。在条件允许的情况下，还可以将纸质卷宗资料转化为电子文档进行存储，以提高查阅效率和保存安全性。

(3) 充分利用卷宗资料。通过定期回顾卷宗资料，教师可以总结教学经验，优化教学设计；并可以利用卷宗资料开展案例分析教学，提升学生的法律分析能力。学生的心得体会也是教师评价学生表现的重要参考依据。在遵守相关法律法规和学校规定的前提下，学校还可以与兄弟院校或法律机构进行卷宗资源共享，促进学术交流与合作。

第四节 校企合作和实习实训

一、校企合作

（一）校企合作的含义

校企合作是学校与企业通过在资源、技术、师资培养、岗位培训、学生就业、科研活动等方面的合作，利用学校与企业不同的教育资源和教育环境，以培养能适应市场经济发展、适合企业需要的应用型人才为目的的教育模式，是利用学校与企业在人才培养方面各自的优势，把以课堂传授间接知识为主的教育环境与以直接获取实际经验与能力为主的生产现场环境有机结合起来，最终实现学校与企业双赢的一种人才培养模式。[1]在校企合作模式下，法学专业实践教学能够更紧密地连接理论与实践，培养出既具备扎实法学理论知识，又具备实际操作能力和职业素养的应用型法律人才。

（二）校企合作的重要性

1. 适应社会需求，精准对接就业市场

法学作为一门应用性极强的学科，其教育成果直接关联未来法律工作者的专业素养和适应能力。校企合作机制能够确保法学教育紧跟社会发展步伐，及时响应法律行业的新趋势、新需求。通过与企业合作，学校可以调整课程设置，增加与行业需求紧密相关的实践课程，如企业法务、合同起草与审查、知识产权管理

---

[1] 姜伟星：《产教融合理念下校企合作人才培养理论与实践研究》，天津科学技术出版社2023年版，第36页。

等,使学生在校期间就能掌握实际工作中所需的技能,并在毕业后迅速融入工作环境,满足企业对法律人才的需求。

2. 提升教学质量,强化实践教学

校企合作为法学教育提供了更为广阔的实践教学平台。企业可以为学生提供实习、实训岗位,让学生在真实的工作环境中运用所学知识解决实际问题。这种"学中做、做中学"的教学模式,不仅能加深学生对理论知识的理解,还能培养他们的实践能力、创新思维和解决问题的能力,显著提高了教学质量和效果。

3. 促进师资建设,实现教学相长

校企合作为法学教师搭建了提升自我的平台。教师可以通过参与企业的法律项目、案例研究等活动,深入了解法律实践的前沿动态,丰富自己的实践经验和案例库。这有助于教师将最新的实践成果融入课堂教学,使教学内容更加贴近实际,提升教学的针对性和实效性。教师在与企业合作的过程中,也能不断提升自己的专业技能和教学水平,实现教学相长的良性循环。

4. 增强企业竞争力,实现校企共赢

对于企业而言,与法学院校的合作能够为其带来多方面的好处。一是企业可以通过与学校的合作,提前锁定并培养符合自身需求的法律人才,为企业的长期发展提供坚实的人才保障。二是学校的研究成果和智力支持能够为企业解决法律难题、优化管理流程提供有力支持,助力企业提升竞争力。三是校企合作还有助于企业树立良好的社会形象,吸引更多优秀人才的关注,为企业的可持续发展奠定坚实基础。

(三)校企合作的具体模式

校企合作的具体模式多种多样,每种模式都有其独特的特点和实施方式。下面列举几种常见的校企合作模式,具体见表5-2。

表 5-2　几种常见的校企合作模式

模式	特点及实施方式	具体解释
联合办学模式	特点	学校与企业共同制定人才培养方案，确保教学内容与市场需求紧密对接
		双方联合开展教学活动，实现教育资源的优化配置和共享，通过优势互补，提升教学质量和人才培养效果
	实施方式	专业设置与课程体系：学校根据企业的实际需求和发展趋势，灵活设置专业方向和课程体系，确保学生所学知识与未来工作岗位紧密相关
		实践基地与实习岗位：企业为学生提供实践基地和实习岗位，让学生在真实的工作环境中进行实践锻炼，提升实际操作能力和职业素养
		师资支持：企业可以派遣具有丰富实践经验的专家和技术人员到学校担任兼职教师或开展专题讲座，为学生提供行业前沿知识和实践经验分享
技术合作模式	特点	强调技术资源的整合与优势互补，共同开展技术研发和创新活动
		通过技术合作，促进学校科研成果的转化和企业技术升级
	实施方式	成立技术研发中心：学校与企业合作成立技术研发中心，共同投入人力、物力和财力，开展新技术、新产品的研发工作
		技术成果共享：学校将研发成果及时转化为企业生产力，同时企业也向学校提供技术反馈和市场信息，促进双方技术的持续改进和创新

续表

模式	特点及实施方式	具体解释
产学研合作模式	特点	跨学科合作：产学研合作模式打破了传统单一学科的界限，将法学研究、企业实践与科研机构的技术创新紧密结合，形成多学科交叉融合的研究格局
		成果导向：该模式强调以解决实际问题为导向，注重科研成果的实用性和应用价值，推动法学理论创新与实践应用的深度融合
		资源共享：学校、企业与科研机构之间实现资源共享，包括研究资金、设备、人才和信息等，提高了资源利用效率，促进了科研活动的深入开展
	实施方式	联合科研攻关：学校与企业合作，针对法学领域的热点、难点问题，共同申报科研项目，组建跨学科研究团队；通过深入研究，推动法学理论的创新与发展，形成具有前瞻性和实用性的研究成果，研究成果可为企业决策提供法律支持，同时提升学校的科研水平和学术影响力
		法律咨询服务：学校为企业提供法律咨询和法律服务，帮助企业解决法律纠纷、防范法律风险，同时为学生提供实践锻炼的机会
		法律人才培养：学校根据企业需求制定法律人才培养方案，开展订单式培养，为企业输送高素质的法律人才

（四）校企合作的关键

1. 选择合适的合作企业

学校应根据自身专业特色和优势，选择具有行业影响力、技术实力强、管理规范及与自身专业特色契合的企业进行合作。一是行业影响力。学校应优先考虑在行业内具有广泛影响力和良好声誉的企业，这样的企业通常能提供更多的实践机会和前沿信息。二是技术实力。企业的技术实力决定了其能否为学生提供高质量的实习、实训环境以及技术支持，对于法学专业而言，企业的法律实务经验和案例资源尤为重要。三是管理规范。管理规范的企业能够为学生提供良好的职场氛围和企业文化体验，有助于培养学生的职业素养和团队合作精神。四是专业契合度。学校应选择与自身法学专业特色和优势相契合的企业进行合作，以确保合作内容的针对性和有效性。

2. 建立稳定的合作关系

学校与企业之间应建立长期稳定的合作关系，共同制定人才培养计划和实施方案，确保合作的持续性和有效性。一是长期规划。双方应共同制定长期合作规划，明确合作目标、内容和时间表，确保合作的连续性和稳定性。二是定期沟通。建立定期沟通机制，及时解决合作过程中出现的问题和困难，保持信息畅通和互信。三是成果共享。共同分享合作成果，包括科研成果、教学改进、人才培养等方面的成就，增强合作的吸引力和动力。

3. 完善合作机制

学校应建立健全校企合作的管理机制、激励机制和监督机制，明确双方的权利和义务，保障合作的顺利进行。一是管理机制。建立健全校企合作管理机制，明确双方的责任分工、合作流程和工作标准，确保合作有序进行。二是激励机制。建立合理的激励机制，对在合作中表现突出的个人或团队给予表彰和奖励，激发双方的积极性和创造性。三是监督机制。设立监督机制，对合作项目的实施情况进行跟踪和监督，确保合作按照既定计划和目标推进。

4. 加强师资队伍建设

学校应促进法学专业教师的实践能力和教学水平的提升，鼓励教师参与企业实践和法律实务活动，提高教师的专业素养和教学能力。一是实践能力提升。鼓励法学专业教师积极参与企业实践和法律实务活动，通过挂职锻炼、参与案件处理等方式提升实践能力。二是教学能力提升。加强教师的教学培训和学术交流，引入先进的教学理念和教学方法，提高教学效果和质量。三是双师型教师培养。培养既具备扎实的法学理论知识，又具备丰富的实践经验的双师型教师，以更好地指导学生进行实践学习和职业规划。

（五）校企合作案例

下面分享一个校企合作的成功案例，具体如下：

一、案例背景

随着社会对法律人才需求的日益增长，法学教育如何更好地实现理论与实践的结合，成为教育界和业界共同关注的话题。下面是关于湖北某法学院与北京某律师事务所之间的一系列合作，可为法学教育提供有益的借鉴和启示。

二、合作目标

1. 提升法学教育质量

通过引入律师事务所的真实案例和实务经验，丰富法学教学内容，提高学生的学习兴趣和实践能力。

2. 培养应用型人才

共同打造法学社会实践基地，为学生提供实习实训机会，培养具有实战能力的应用型法律人才。

3. 促进资源共享

实现学校与企业之间的资源共享，包括教学资源、实践资源、人才资源等，共同推动法学教育与法律实务的深度融合。

三、合作内容

1. 建立法学社会实践基地

律师事务所成为该学校的社会实践基地，为学生提供寒暑假实习见习活动。律师事务所承诺提供全方位的实习指导，包括法律实务、办公技能等各方面的培训，确保学生在实践中得到充分的锻炼和提升；并承诺统筹制定实习生培养计划，建立健全培训机制，提供法律实务、办公技能等各方面培训，确保学生能在实践中获得丰富的经验和知识。

2. 党建共建

双方以党建共建为契机，加强基层党组织建设，打造共建品牌，促进党建和业务深度融合。

通过党建合作，加强学生的思想教育和服务工作，确保学生在实习期间的思想稳定和积极向上。

3. 课程与教学改革

律师事务所的法律专家参与该学校的课程设置和教学改革，将真实案例融入课堂教学，提升教学的针对性和实效性。

双方合作开发课程和教材，共同编写具有实战意义的法学教材，为学生提供更加贴近实际的学习材料。

4. 师资互聘

律师事务所的优秀律师被聘为该学校的兼职教师，参与课堂教学和科研工作；学校教师也被鼓励到律师事务所进行实践锻炼，提升自身的教学水平和实务能力。

5. 产学研合作

律师事务所与学校合作开展法学领域的科研项目，共同研究法律实践中的热点和难点问题，推动法学理论创新和实践应用。

学校教师参与律师事务所的法律咨询和服务工作，提升教师的实践能力和专业素养,同时为企业提供智力支持。

四、合作成果

1. 学生实践能力显著提升

通过实习实训活动,学生将课堂上学到的法律知识应用于实际工作中,解决了一系列实际问题,实践能力得到了显著提升。

2. 教学质量明显提高

引入律师事务所的真实案例和实务经验后,法学教学内容更加丰富和生动,学生的学习兴趣和积极性显著提高,教学质量明显提升。

3. 校企合作机制不断完善

双方在合作过程中不断总结经验教训,完善合作机制和管理制度,为未来的深入合作奠定了坚实基础。

4. 资源共享与优势互补

双方通过资源共享和优势互补,实现了互利共赢。律师事务所获得了稳定的人才来源和智力支持,学校则获得了宝贵的实践机会和教学资源。

5. 社会影响力扩大

此次校企合作不仅得到了学校师生的广泛认可和支持,还受到了社会各界的关注和赞誉,提升了学校和律师事务所的社会影响力和知名度。学校的法学专业毕业生在就业市场上具有较高的竞争力,得到了用人单位的青睐。

五、结语

武汉某文法学院与某律师事务所的校企合作,是法学教育与实践深度融合的成功典范。通过双方的共同努力和深入合作,不仅提升了法学教育质量和学生实践能力,还促进了资源的共享和优势互补。这一成功案例为其他高校和法律服务机构提供了有益的借鉴和启示。

二、实习实训

在应用型人才培养目标下,法学专业的实习实训环节显得尤为重要。它不仅能够帮助学生亲身体验法律职业的实际工作环境,了解法律职业的运作机制,提升解决实际法律问题的能力;还能够帮助学生树立正确的法律职业道德观念,培养良好的工作态度和团队协作精神。它不仅是学生将理论知识转化为实践能力的重要途径,也是培养学生职业素养和适应社会需求的关键环节。

(一)实习实训的目标

实习实训作为法学教育中的重要环节,其目标多维且具体,旨在全面提升学生的专业素养与综合能力。

1. 理论与实践深度融合

通过体验真实的工作环境,学生可以将课堂上抽象的法律理论知识与具体案例、实际问题相结合,进而加深对法律条文、法律原则及法律制度的理解与掌握。在解决实际法律问题的过程中,学生能够直观地看到法律知识的应用场景,学会如何将理论知识转化为解决实际问题的能力,提升自身法律思维的敏锐度和逻辑性。

2. 学生的法律实务技能显著提升

(1)法律文书撰写。实习活动的开展训练学生撰写各类法律文书的能力,包括起诉状、答辩状、合同书、法律意见书等,确保文书的规范性、准确性和逻辑性。

(2)案件分析与处理能力。学生通过参与真实或模拟案件的分析、讨论和处理,能够提高收集证据、分析案情、制定法律策略及解决方案的能力。

(3)法律咨询与沟通技巧。实习实训能锻炼学生与客户、法官、检察官、律师等各方进行有效沟通的能力,包括倾听客户需求、提供法律咨询、进行谈判协商等。

3. 学生职业素养的培养

（1）法律职业道德素质。实习实训能强化学生对法律职业道德的认识和尊重，培养学生公正、廉洁、诚信的职业操守，确保学生在执业过程中遵守法律、维护正义。

（2）工作态度与责任感。实习实训能引导学生树立认真负责、勤勉尽职的工作态度，培养学生对法律事业的热爱和使命感。

（3）团队协作精神。团队活动的开展能促进学生之间的相互协作、信息共享与经验交流，培养学生的团队合作精神和集体荣誉感。

（二）实习实训的内容

实习实训的内容设计应充分考虑学生的多元化需求和职业发展目标，通过多样化的实习岗位及系统的法律技能培训，全面提升学生的法律素养和职业能力。

1. 多样化实习岗位设置

（1）律师事务所实习。通过在律师事务所实习，学生能亲身体验律师日常工作，包括案件分析、法律文书起草、客户沟通、出庭辩护等，感受法律服务的全过程。

（2）法院与检察院实习。学生通过参与庭审旁听、案件卷宗整理、法律文书校对等工作，逐渐加深对司法程序、证据规则及法律适用的理解。

（3）企业法务部门实习。学生通过在企业实习可以了解企业法务管理的运作机制，熟悉合同审核、合规审查、知识产权保护等工作，增强对企业法律风险防范的意识。

（4）公益法律服务实习。学校安排学生参与法律援助、社区法律咨询等活动，培养其社会责任感，提升其解决社会法律问题的能力。

2. 法律技能培训

(1) 法律文书写作。学校应开设专门的法律文书写作课程，涵盖起诉状、答辩状、合同、法律意见书等多种文书的撰写技巧和规范，提高学生的书面表达能力。

(2) 法律英语学习。鉴于国际交流的日益频繁，学校应强化法律英语教学，包括法律术语、国际条约、跨国诉讼等方面的英语学习，提升学生的国际法律事务处理能力。

(3) 法律谈判与调解。教师应教授法律谈判与调解的基本技巧，如沟通技巧、冲突解决策略、利益平衡等，通过模拟谈判或实际案例操作，提升学生的协商与调解能力。

(4) 信息技术应用。随着数字化时代的到来，学校应加强学生对法律信息技术工具（如法律数据库、在线法律服务平台、大数据分析等）的应用培训，提高法律工作效率和精准度。

(三) 强化实习实训管理

有效的管理是成功进行实习实训的关键。实施科学、系统且严格的管理措施可以确保实习实训的质量和效果，为学生的职业发展建立坚实保障。

1. 构建实习实训基地网络

学校应积极与律师事务所、法院、检察院、企业法务部门等法律机构建立长期稳定的合作关系，拓宽实习实训渠道，为学生提供多样化的实践平台；并根据实习实训基地的特点和需求，合理配置资源，包括实习岗位、指导教师、教学设施等，确保实习实训活动的顺利开展。

2. 制定详细、周密的实习实训计划

学校需根据专业培养目标和课程要求，明确实习实训的具体目标和任务；并详细规划实习实训的时间表、地点、具体内容、指导老师分配等，确保每位学生都有明确的实习方向和计划；还需根据实际情况和学生反馈，适时调整实习实训计划，以适应变化的需求和条件。

3. 配备专业指导团队

（1）精选导师。学校应选派具有丰富实践经验和良好教学能力的教师担任实习指导教师，确保学生能够获得高质量的指导。

（2）全程跟踪。指导教师应全程跟踪学生的实习情况，定期与学生沟通交流，了解其实习进展和遇到的问题，及时提供解决方案和建议。

（3）团队协作。学校应鼓励指导教师之间形成团队协作机制，共同研究实习实训中的问题，分享教学经验和资源。

4. 加强实习实训过程监控

学校应设立定期检查机制，对实习实训过程进行监控和评估，确保学生按照计划进行实习活动；并在此基础上建立问题反馈渠道，鼓励学生和教师积极反馈实习实训中遇到的问题和困难，及时采取措施予以解决；同时还应加强实习实训期间的安全管理，确保学生在实习过程中的人身安全和财产安全。

下面以内蒙古某法学院于2024年10月份召开的2025届毕业生专业实习动员大会为例，来具体阐述实习实训管理的强化措施。

为了加强学生实习实训的管理，确保2025届法学专业毕业生实习工作的顺利推进，内蒙古某法学院于2024年10月份隆重召开了2025届毕业生专业实习动员大会。此次大会旨在进一步拓展学生的视野，提高他们的社会实践能力，同时完善实践教学策略，促进校地合作机制的深化。

学院各级领导、教师及2025届全体毕业生均参加了此次动员大会。会上，学院领导高度重视，对实习实训管理进行了全面而深入的阐述，明确了实习的重要性和学院对此项工作的坚定支持。在动员大会上，学院向学生详细介绍了法学专业毕业实习实践教学的具体目标及任务，涵盖了实习岗位的职责、实习单位的规章制度及实习报告的撰写要求等多个方面。通过详细讲解，学生们对实习期间需要完成的任务有了清晰的认识，也对即将踏入的职场环境有了初步的了解。

为了强化实习实训管理，学院采取了一系列措施来保障实习实训的顺利完成及预期效果的达成。

第一，学院与多家知名律师事务所、法院等实习单位建立了紧密的合作关系，为学生提供了丰富的实习岗位选择。这些实习单位不仅具有高度的专业性，还能够为学生提供实践锻炼的宝贵机会。

第二，学院制定了详细的实习计划和指导方案。在实习前，学院会组织学生进行实习前的培训和指导，帮助学生更好地适应职场环境。在实习期间，学院还会定期派出教师前往实习单位进行实地检查和指导，确保学生能够按照实习计划有序进行。

第三，学院还建立了完善的实习考核机制。在实习结束后，学生需要提交实习报告和实习单位评价表。学院将根据这些材料对学生的实习表现进行综合评价，并给予相应奖励。这种考核机制不仅能够激励学生积极参与实习工作，还能够提高学生的实践能力和职业素养。

通过此次动员大会和一系列强化实习实训管理的措施，内蒙古某法学院为2025届法学专业毕业生提供了一个良好的实习平台和实践机会。在学院的精心组织和实习单位的悉心指导下，学生们一定能够在实习中获取所需，为未来的职业生涯奠定坚实的基础。

（四）实习实训的考核与评价

实习实训的考核与评价是检验实习效果、促进学生成长的重要环节。为了确保评价的全面性和公正性，需要建立科学的评价体系，并引入多方评价机制，同时重视反馈与改进。

1. 构建科学的评价体系

学校制定实习实训评价体系时，应考查实习态度、工作能力、职业素养、团队协作能力、问题解决能力等多个维度，以全面反映学生的实习表现；在评价过程中，既要注重量化指标的考核（如完成任务的数量、质量等），也要重视质性评价（如工作态度、沟通能力、创新思维等），以更准确地评估学生的综合能力。尤为重要的是，学校需要为每个评价维度设定清晰、具体的评价标准，确保评价过程的一致性和公正性，避免主观偏见和人为因素的影响。

2. 引入多方评价机制

（1）校内指导教师评价。校内指导教师根据学生的实习表现、实习报告、日常沟通等进行评价，重点考查学生的专业能力和学习态度。

（2）实习单位评价。实习单位根据学生的工作表现、团队协作能力、职业素养等进行评价，着重关注学生在实际工作场景中的表现。

（3）同事评价。学校要鼓励学生与实习单位的同事建立良好关系，以便通过同事评价了解学生在团队中的表现和人际关系处理能力。

（4）学生自评。学校应鼓励学生进行自我反思和评价，促使其通过撰写实习心得、自我评价报告等方式，促进自我认知和自我提升。

3. 重视反馈与改进

学校应建立有效的反馈机制，及时收集学生、指导老师及实习单位的反馈意见，了解实习实训的实际效果和存在的问题；并对收集到的反馈意见进行深入分析，找到问题的根源，为后续的改进提供依据。在此基础上,学校应积极总结实习实训的成功经验和不足之处,提炼出可复制、可推广的做法,为今后的实习实训工作提供参考;并根据反馈意见和总结经验,对实习实训计划、教学内容、管理措施等进行持续改进和优化,不断提升实习实训的质量和效果。

(五) 实习实训的保障与支持

实习实训的顺利进行离不开充分的保障与支持,这就需要从经费保障、政策支持以及资源整合等多个方面入手,形成全方位、多层次的支持体系,以确保实习实训工作的顺利开展和高质量完成。

1. 经费保障

在实习实训活动开展前,学校应制定详细的实习实训经费预算,明确各项开支项目,如实习补贴、交通费用、保险费用、指导费用等,并合理分配预算资金,确保每项开支都有充足的资金支持。除了专项经费,学校还应积极争取社会捐赠、企业赞助等,以扩大经费规模,满足实习实训的多样化需求;并建立健全经费管理制度,加强经费使用的监督和管理,确保经费使用的合规性和有效性,避免浪费和滥用。

2. 政策支持

学校应积极与有关部门沟通协调,争取其在政策上的支持和倾斜,如制定有利于实习实训的政策文件,为其接受企业资助提供税收减免或补贴等优惠措施;同时应优化在学校内部开展实习实训的审批流程,减少不必要的环节和手续,提高审批效率,为学生和指导教师提供更多的便利。

3. 资源整合

(1) 校内资源挖掘。学校应充分利用自身现有资源,为学生提供更多的实践机会;并加强校内师资力量建设,培养一支高素质的指导教师队伍。

（2）校外资源拓展。学校应积极与法律实务界建立联系与合作，如律师事务所、法院、检察院等机构，为学生争取实习实训机会和岗位；并通过与这些机构签订合作协议、建立实习基地等，形成稳定的合作关系。

（3）资源共享与合作。学校应加强与其他高校、行业协会等组织的交流与合作，共享实习实训资源和经验，共同推动实习实训工作的开展；并通过组织联合实习、举办经验交流会等方式，增进彼此之间的了解和合作。

下面以内蒙古某法学院王同学在当地检察院的实习经历及感悟为例，从王同学的视角出发来阐述实习实训的实施及思考。

作为内蒙古某法学院的学生，我于2023年底至2024年初在当地检察院进行了为期近两个月的实习。这段实习经历不仅让我对法律工作有了更深入的了解，也让我对实习实训的实施有了更深刻的思考。

一、实习实训的实施

（一）理论与实践的深度融合

在实习期间，我深刻体会到了理论与实践相结合的重要性。课堂上学习的理论知识为我从事实际工作提供了方向性的指导。例如，在处理案件时，我能够运用所学的法律知识对案件进行初步分析，并制定相应的处理策略。实践中的具体操作也让我对理论知识有了更直观的理解，如法律文书的撰写、证据的收集与审查等，这些实际操作技能都是在课堂上难以完全掌握的。

（二）多样化的实习内容与技能培训

检察院为我提供了多样化的实习工作，包括参与案件审查、法律文书撰写、出庭记录等。这些工作让我能够全面接触法律工作的各个环节，进而提升自己的综合能力。检察院还组织了一系列的技能培训，如法律文书写作培训、法律英语培训等，这些培训不仅提升了我的专业技能，也拓宽了我的知识面。

（三）严格的管理与考核

在实习期间，学校和检察院对我进行了严格的管理与考核。它们制定了详细的实习计划，并安排了经验丰富的指导老师对我进行全程指导；还定期对我的实习表现进行考核，包括工作态度、工作能力、职业素养等方面。这种严格的管理与考核机制不仅确保了我实习的质量，也让我在实习过程中不断反思与提升。

二、实习实训的思考

（一）理论与实践的相互促进

通过实习，我更加深刻地认识到理论与实践是相互促进的。理论知识为实践提供了方向性的指导，而实践则是检验理论知识是否正确的有效途径。因此，在学习过程中，我们应该注重理论与实践的结合，在掌握理论知识的同时，通过实践来加深理解和应用。

（二）现代科技在法律工作中的应用

在实习期间，我深刻感受到了现代科技在法律工作中的应用所带来的便利。例如，通过网络查阅案件资料、使用自动化办案系统等都大大提高了工作效率。故此，在学习过程中，学校应该加强对学生科技应用能力的培养，让我们能够熟练掌握现代科技手段来辅助法律工作。

（三）综合素质的提升

在实习过程中，我不仅提升了自己的专业技能，还学会了如何与人相处、如何适应社会环境等。这些素质的提升对于学生未来的职业发展至关重要。学校应在实践教学中注重对学生综合素质的培养，让学生成为既具备专业技能又具备良好职业素养的复合型人才。

（四）实习实训的反思与改进

虽然我的实习经历非常宝贵且收获颇丰，但我仍有一些小建议。例如，实习期间的时间安排可以更加灵活多样，以更好地适应学生的个性化需求；实习单位也可以加强与学校的沟通与合作，共同制定更科学的实习计划和考核标准。

三、总结

实习实训是应用型人才培养目标下法学专业实践教学中不可或缺的一环。通过实习实训的实施与思考，学校可以考虑如何更好地将理论知识与实践相结合，提升学生的专业技能和综合素质。同时，学校要能够从实践中发现不足并不断改进和完善实习实训的体系和方法，让实习实训在未来的法学教育中发挥越来越重要的作用。

第五节　教学评价和反馈机制

教学评价和反馈机制是应用型人才培养目标下法学专业实践教学的重要组成部分。科学的教学评价和有效的反馈机制，可以确保实践教学活动达到预期目标，为培养高素质的应用型法律人才提供有力保障。面对学生群体的多元化与个性化差异，学校应积极构建多层次、多维度的质量评价体系与即时反馈机制，确保每位学生都能在其最适合的发展路径上得到精准指导与评估。学校还应通过不断修订和完善应用型人才的质量标准与要求，使之更加公正、合理，且紧密贴合社会需求的变化，以有效应对社会对应用型人才的多样化、广泛化需求，为社会输送更多既具备扎实理论基础，又拥有卓越实践能力和良好综合素质的优秀人才。

高校应建立开放、动态的评价与反馈机制,既关注内部质量管理的精细化,又重视外部社会评价的导向作用,确保教育质量持续提升。其内部体系应聚焦教育资源、教育过程与教育成果的全面评估,包括条件性、过程性及成果性三维度指标,做到均衡考量,避免偏颇。此体系作为质量管理的核心框架,旨在通过持续的质量控制与自我评估,不断提升教育质量,且与外部评价体系相辅相成,共同促进教育目标的实现。外部评价则侧重社会对高校教育成果的认可度,尤其是毕业生的社会适应力与就业质量。这不仅体现在初次就业率及深造比例上,更需通过长期跟踪调查,评估毕业生的职业发展持续性、岗位适应度及科研潜力。学校应积极采用问卷调查、企业回访等手段,广泛收集用人单位反馈,精准把握毕业生动态,为教育改革提供实证依据。

下面从教学评价的内容和评价方法的多样性两个方面来详细阐述教学评价,以及反馈机制的建立与实施。

一、教学评价

（一）教学评价的内容

1. 实践教学目标的达成度

实践教学目标的达成度应涵盖核心目标评估、职业素养与社会责任感的评价及前后对比与反馈机制等多个方面。一是核心目标评估。其主要聚焦学生实践技能的实际提升情况。通过设计科学合理的评估体系,如案例分析报告、模拟法庭表现、客户咨询反馈等多元化评价方式,全面考查学生在法律实务操作中的熟练度与问题解决能力。二是职业素养与社会责任感的评价。良好的职业素养是法律从业者必备的素质,包括严谨的法律思维、高尚的职业道德、极强的团队协作精神及高度的社会责任感。在实习过程中,学生是否能够在工作中展现出这些品质,成为评价其综合素质的重要标准。学校可以通过实习导师的观察记录、同事间的互评及学生自我反思报告等，较为全面地了解学生在职业素养方面的表现。三是前后对比与反馈机制。通过对比学生实习前后的表现，学校可以清晰地看到学生在实践技能、职业素养等方面的成长轨迹。同时，学校可以积极收集实习单位的反馈意见，了解学生在实际工作中的表现与不足，为后续的指导与改进提供有力依据。这种双向反馈机制不仅有助于提升学生的实践能力，还能够促进实践教学体系的不断完善与优化。

2. 实践教学内容的全面性

实践教学内容的全面性要求课程应涵盖法律咨询、法律文书撰写、法律案件调查与分析等核心实践环节，确保学生掌握扎实的专业技能，还需融入法律思维训练、职业道德培养、团队协作能力提升及社会责任感强化等内容，以塑造学生全面的职业素养。全面系统的实践教学内容可以构建一个理论与实践深度融合的学习体系，使学生在模拟或真实的法律情境中，灵活运用所学知识解决实际问题，培养其综合素质与能力。

3. 教师指导质量

教师指导质量这一评价内容聚焦指导教师如何将自身的法律实务经验与教学技巧紧密结合，以促进学生实践能力的提升。实务经验与教学技巧的融合是教师指导质量的核心。优秀的指导教师不仅应具备深厚的法律理论基础，更需拥有丰富的法律实务经验。他们能够将这些宝贵的实践经验巧妙地融入教学之中，通过多样化的教学手段，让学生置身于模拟或真实的法律场景中，进一步加深对法律知识的理解与掌握。师生互动与良好反馈是教师指导质量的重要保障。良好的师生互动能够激发学生的学习兴趣和积极性，促进学生对知识的传递与吸收。指导教师应保持与学生的高频互动，及时了解学生的学习进度和困难，给予及时的指导和帮助。教师还应注重与学生的沟通效果，确保信息传递的准确性和有效性；注重收集学生的反馈意见，了解自身指导过程中存在的问题和不足，为教学方法的改进和创新提供宝贵的参考。

4. 教学方法的多样性

教学方法的多样性是应用型人才培养目标下教学评价中不可或缺的内容。它强调在教学过程中，应采用灵活多变的教学手段，以适应不同学生的学习风格和能力水平，最大化地激发他们的学习潜力和兴趣。

（1）灵活多样的教学手段是实现教学目标的重要保障。其不仅丰富了课堂内容，也为学生提供了更多实践的机会。多样的教学形式能够让学生通过角色扮演、小组讨论、实地考察等方式，亲身体验法律工作的复杂性和挑战性，从而加深对法律知识的理解与掌握。

（2）教学效果评估是检验教学方法的重要手段。通过观察学生在不同教学方法下的学习状态和成果，教师可以直观地了解哪些教学方法更受学生欢迎，哪些方法能够更有效地促进学生的学习和成长，及时发现和纠正教学方法中存在的不足，为教学方法的进一步创新和完善提供有力的数据支持。

（3）鼓励学生提出对教学方法的改进建议，是促进教学方法不断创新和完善的重要途径。学生的反馈是教学质量的晴雨表，他们的声音和意见对于教学方法的改进具有不可替代的价值。通过收集和分析学生的反馈意见，教师可以更准确地把握学生的学习需求和期望，制定出更加符合学生实际的教学方案。

（二）评价方法的多样性

1. 量化评价

量化评价主要是通过具体的数据和分数来衡量学生的表现，如考试成绩、实习报告的评分等。这种方式具有明确、可比较的优势,便于快速了解学生在某些具体指标上的达成情况。

2. 质性评价

质性评价则侧重对学生表现的深入理解和描述,如通过同行评价、学生自评、实习单位评价等方式,收集关于学生态度、能力、创新思维等非量化方面的信息。质性评价能够提供更丰富、更全面的学生画像,有助于发现学生的优势和潜在问题。

将量化评价与质性评价相结合,可以既明晰学生的具体技能掌握情况,又深入了解其学习态度、团队合作、创新思维等综合素质,进而形成更为全面、立体的评价体系。

二、反馈机制

(一)有效反馈机制的建立

1. 明确反馈的目标

在构建反馈机制之初,必须清晰界定反馈的目标。这包括确定反馈旨在促进学生哪些方面的成长(如法律实务技能、职业素养、创新能力等),以及希望通过反馈达到什么样的教学效果。明确的目标和目的有助于指导后续反馈工作的方向,确保反馈活动有的放矢。

2. 选择合适的反馈方式

反馈方式的选择应根据实际情况灵活调整,以确保反馈信息的有效传达,满足不同场景和需求。面对面反馈因其直接性和互动性,能确保师生更深入地交流问题和提出建议;而运用现代信息技术手段(如在线问卷、教学平台反馈系统等)则便于收集大量数据,提高效率。

3. 明确反馈的频率和时间

合理的反馈频率和时间是确保反馈效果的关键。过于频繁的反馈可能增加师生负担,导致信息过载;而反馈间隔过长则可能使问题得不到及时解决。学校应根据实践教学的具体安排和学生需求，制定适当的反馈周期，并在关键时间节点（如实习中期、结束前）进行集中反馈。

4. 制定反馈标准

明确的反馈标准有助于规范反馈过程，确保反馈内容的客观性和一致性。在制定标准时，学校应充分考虑实践教学的目标和要求，将法律实务能力、职业素养、创新能力等要素纳入评价标准体系。标准应具体、可操作，便于教师和学生理解和执行。

(二) 反馈机制的实施

1. 建立反馈渠道与流程

(1) 建立学生反馈渠道。为学生设立多元化的反馈渠道，如在线问卷调查、匿名反馈箱、定期座谈会等，鼓励学生积极表达在实践教学中的体验、困惑及建议，确保学生的声音能够被及时、有效地收集。

(2) 建立教师反馈渠道。教师应成为反馈机制中的核心角色，通过日常观察、课后辅导、个别谈话等方式，及时记录并反馈学生的学习状态、进步与不足。教师应确保反馈具有针对性、建设性和鼓励性，以激发学生的学习动力和潜能。

(3) 建立实习单位反馈渠道。学校应与实习单位建立紧密的沟通机制，定期或不定期地收集实习单位对学生的评价和建议。这有助于其全面了解学生在实习期间的表现，发现潜在问题，并为学生后续的学习和发展提供指导。

(4) 反馈流程设计。学校应明确反馈的收集、整理、分析、处理和反馈的各个环节，确保流程顺畅、高效。同时，应根据实践教学的实际情况，灵活调整反馈流程，以适应不同的教学需求。

2. 多样化的反馈方式

为了满足不同团队成员的偏好和需求，学校应采用多样化的反馈方式。除了传统的面谈、调查问卷,学校还可以利用现代信息技术手段,如短信、邮件、教学平台等,进行快速、便捷的反馈交流。多样化的反馈方式有助于提高反馈的参与度和效果。

3. 及时反馈,并重视反馈意见

及时反馈是反馈机制的生命线。无论是来自学生、教师还是实习单位的反馈意见,都应得到及时的处理和回应。对于合理的建议和意见,学校应积极采纳并落实到实践教学中,以不断改进和优化教学效果。对于反馈中提出的问题,学校应认真分析原因,制定解决方案,并跟踪落实情况,确保问题得到有效解决。

4. 建立反馈激励机制

为了鼓励师生积极参与反馈活动,学校可以建立相应的激励机制。例如,对于提出有价值反馈意见的学生和教师给予表彰或奖励;对于在反馈工作中表现突出的实习单位给予合作支持或优先合作机会等。这些措施有助于推动反馈机制持续有效运行。

第六章
应用型人才培养目标下的法学专业实践教学改革路径

本章聚焦应用型人才培养背景下法学专业实践教学改革的深度探索,从教学理念与方法的创新入手,强调理论与实践的深度融合;进而聚焦教学资源的整合与优化,以及教师队伍的专业化建设与发展,在此基础上,构建全面、科学的学生能力培养与评价体系,确保人才培养质量;最后阐述法学专业实践教学的信息化与智能化趋势,探索科技赋能教育的新路径。

第一节 教学理念和方法的创新

一、教学理念的转变

(一)实现从纯理论教学向注重实际应用转变

在当前快速变化的法治社会背景下,我国高校法学教育的转型势在必行,其基础在于教学理念实现从纯粹的理论知识传授向强化实践应用能力的深刻转变。传统的法学教育侧重法学理论的灌输,而学生将这些理论应用于实际问题的解决时,则显得不够熟练。但在当今这个日新月异的法治社会中,社会需要的不仅仅是精通法学理论的学者,更是能够熟练运用法律知识解决复杂问题的实践者。法学教育必须与时俱进,将实践教学置于更加突出的位置。学校通过构建多元化的实践平台，如与法院、律师事务所等法律实务部门深度合作，可以让学生亲身体验法律工作的真实场景，在实践中深化对法学理论的理解，并培养出解决实际问题的能力。法学教育需要从"知识传授"的传统教学模式中走出来，转向以"能力培养"为核心的新型教学模式。这意味着在教学过程中教师要更加注重学生的主体性，鼓励他们主动思考、积极探索，培养他们的法律思维、逻辑思维和实践能力。

（二）实现法学教育与法律职业发展的融合

法学教育与法律职业发展存在着不可分割的紧密联系。法学教育是法律职业发展的基石，它不仅传授专业知识，更塑造职业素养，为法律行业输送着源源不断的人才。而法律职业的发展则以其实践性和专业性，为法学教育提供了明确的培养方向和内容补充，促使法学教育紧跟时代步伐，不断优化升级。法学教育需贴近法律实践，注重培养学生的实践能力和职业素养；法律业界也应积极参与教育过程，为法学教育提供实践指导和案例资源。通过这一融合过程，法律教育将获得更加坚实的学术支撑与涵养，而法律职业本身也将迈向更加专业化、职业化的健康发展之路，为社会提供更加优质、高效的法律服务。

（三）合理设置理论教学和实践教学的比重

在法学专业实践教学改革中，合理调整理论教学与实践教学的比重已成为重中之重。为了确保学生能够将所学知识有效应用于实际，学校需要显著提高实践教学的比重。这一调整要求法学专业课程必须融入实践教学环节，并明确规定实践教学应占总课程的一定比例，以此作为硬性标准。对于实务性较强的课程，学校应加大实践教学的比重，通过多种教学方式，让学生在真实或模拟的法律环境中锻炼技能，提升其解决实际问题的能力。

（四）拓展实践教学的途径

拓展实践教学途径是提升法学教育质量、培养高素质法律人才的重要途径。学校需转变理念,通过校内外资源的有效利用、假期实习的深入开展及社会服务的合理安排,为学生搭建起一个多元化、立体化的实践平台,助力他们在法律职业道路上稳步前行。具体而言:一是充分挖掘并高效利用校内外资源,如律师事务所、检察院合作基地、模拟法庭及法律援助中心等,通过规范化管理,确保这些平台成为法律实践教学的坚实后盾,让学生在模拟与实战中锤炼专业技能,增强法律应用能力。二是利用寒暑假等假期时间,积极组织学生前往法院、律师事务所等法律实务部门进行实习,让学生亲身体验法律职业的真实环境,近距离观察并学习法律专业人士如何分析问题、解决纠纷,从而加深对法律职业的理解与认同。三是主动承担社会责任,建立法律援助途径,鼓励学生走出校园,为社会公众特别是弱势群体提供法律咨询与援助服务。

(五)增加对教学实践环节的投入

通过优化资源配置、强化资金保障和完善管理机制,学校能够为法学专业学生提供更加丰富的实践机会和更加优质的教学环境,助力他们成长为具有社会责任感和实践能力的法律人才。一是学校需将优质师资力量从理论教学适度引向实践教学,确保两者并重,共同提升教学质量。学校应通过培训和实践经验分享,激发教师在实践教学中的活力,为学生提供更丰富的实践指导。二是资金是实践教学的重要保障。学校应提高实践教学经费在整个教育经费中的占比,并积极争取政府和社会各界的资金支持,以充足的资金保障实践教学活动的顺利开展。三是实践教学的有效管理。学校需建立健全管理体制和规章制度,确保实践教学活动的规范运作。学校应设立专门机构负责实践教学的日常管理和监督,确保教学质量;并制定科学合理的考核评价体系,鼓励学生积极参与,发挥其主观能动性,全面提升实践能力。

二、教学方法的发展与创新

除了教学理念的转变，高校还应推动实践教学方法的发展与创新，例如，采用案例教学法、模拟法庭、法律诊所等实践教学方式，让学生在模拟或真实的法律环境中，通过角色扮演、案例分析等方式，亲身体验法律工作的各个环节，加深对法律知识的理解和应用；还可以利用现代信息技术手段，如在线教学平台、虚拟现实技术等，拓宽教学渠道，提高教学效果。教学方法的发展与创新具体见表6-1。

表6-1　教学方法的发展与创新

教学方法	方法细分	具体阐述
案例教学法	引入实际案例并及时更新	在课堂上，教师应更多地引入真实的法律案例，通过案例分析和讨论，帮助学生理解和掌握法律知识，同时培养他们的逻辑思维能力和解决实际问题的能力
案例教学法	案例分析法	组织学生进行案例研究，引导他们自主查找相关法律条文、判例和学术观点，进行深入的剖析和讨论，加深学生对法律知识的理解
模拟法庭与法律诊所	模拟法庭	模拟法庭是通过模拟真实的庭审过程，让学生在角色扮演中体验法律实务操作，锻炼法庭辩论能力、证据分析能力及法律文书的写作能力，可以邀请法官、检察官和律师等专业人士进行点评和指导
模拟法庭与法律诊所	法律诊所	法律诊所类似于真实的法律服务机构，在教师的指导下，学生可以直接接触真实案件，为当事人提供法律帮助，从而在实践中积累经验和提升能力

续表

教学方法	方法细分	具体阐述
数字化教学手段		随着信息技术的发展，数字化教学资源在法学教育中的应用越来越广泛。综合运用在线教学平台、法律数据库、虚拟现实技术等，让学生可以随时随地获取丰富的法律知识和案例资源，进行自主学习和探究
跨学科融合教学	引入相关学科知识	在法学教学中融入管理学、经济学、心理学等相关学科的知识，帮助学生从多个角度理解和解决法律问题。这不仅可以拓宽学生的知识面，还能提高他们的综合素质和应用能力
	开设跨学科课程与项目	开设跨学科课程或项目，鼓励学生跨学科学习和研究。例如，可以组织法律与金融、环保等跨学科的研究项目，让学生在实践中学习和应用跨学科知识
其他实践教学方法	引导参加学术活动	在教师的带领下积极参加国际或国内学术研讨会。学生可以利用参会机会搜集各种学术论文，请教并吸收来自国内外专家学者的观点和思想，并与其他学校的学生进行广泛的交流
	安排参与国际大赛	一是论文比赛，二是辩论赛，如由某国际组织举办的国际法模拟法庭辩论赛，等等
	法律援助	这些活动能够让学生将所学知识应用于实践中，锻炼法律实践能力，培养社会责任感
	社区法律服务	
	法律实习	

第二节 教学资源的整合和优化

一、全面评估现有实践教学资源

在法学专业应用型人才培养的过程中,全面评估现有实践教学资源是资源整合和优化的首要步骤,旨在深入了解当前实践教学资源的现状,识别存在的问题与不足,为后续的资源整合和优化提供明确的方向。

(一)校内实践教学资源评估

1. 师资力量评估

师资力量是学校开展教学活动的基础,高校要全面评估教师的数量充足性、学历构成的多元化及职称的合理分布,尤其重视"双师型"教师的占比,即那些既能深耕理论教学,又拥有丰富的法律实务经验的教师群体,他们的存在极大地增强了教学与实践的融合度。学校还应深入评估教师的教学技艺与科研实力,评估其在法学领域的学术影响力与实践创新成果,确保教学团队不仅能够传授前沿理论知识,还能引领学生接触并解决实际问题,培养出既有扎实理论功底又具备实战能力的法律人才。

2. 教学设施评估

学校应对模拟法庭、法律图书馆、法律诊所、案例分析室等教学设施进行全面检查,评估其设施设备的完好性与先进性,深入考量其在实际教学中的使用效率,确保资源得以最大化利用;严格审视这些设施是否能够有效支撑实践教学的多元化需求,以及从教学规模、内容到方式的全方位匹配度,旨在营造一个既符合法学教育高标准,又能激发学生实践潜能的优质学习环境。

3. 实践课程体系评估

(1)学校需要关注实践课程的系统性与完整性。一个优秀的实践课程体系应当覆盖从基础技能训练到高级实务操作的全过程,确保学生能够逐步构建起完整的法律实践能力框架。

(2)学校应评估实践课程内容的时效性与实用性。随着法律制度的不断发展和完善,实践课程内容也需要及时更新,以反映最新的法律动态和实务需求。

(3)学校要关注实践课程的实施效果。这包括教师的教学质量、学生的学习态度与参与度、实践活动的组织与管理等多个方面。

(二)校外实践教学资源评估

1. 实习基地评估

学校需细致考量合作实习基地的数量与多样性,确保其能为法学专业学生提供丰富多元的实践机会。质量监控同样不容忽视,优质实习基地应具备良好的硬件设施、真实的法律工作场景及前沿的法律业务实践,以营造高品质的实践环境。实习基地的师资力量、教学资源也是评估重点,需确保其能够有效指导学生实践,显著提升学生的法律应用能力和职业素养。

2. 行业资源评估

学校需密切关注法学教育与法律行业的融合,深入了解行业对法律人才的具体需求与期望,确保人才培养与行业需求紧密对接;积极挖掘和利用行业内的专家资源,邀请资深律师、法官等业界精英参与教学,为学生提供宝贵的前沿知识和实战经验;重视案例资源和实践项目资源的积累与利用,通过引入真实法律案例和合作项目,增强实践教学的针对性和实效性,为学生搭建起从理论到实践的桥梁。

(三)评估结果分析与总结

在完成对校内实践教学资源、校外实践教学资源的全面评估后,学校需对所得评估结果进行深入的剖析与总结,以指导后续的教学改革与资源优化工作。

1. 识别问题与不足

学校需明确当前实践教学资源在哪些方面存在明显的不足或亟待改进之处,包括校内实践设施的老旧与不足、实践课程内容的滞后与单一、实习基地的数量与质量不匹配、行业资源利用不充分等问题。通过细致的问题识别,可以为后续的优化工作提供明确的方向。

2. 确定优化方向

基于评估结果,学校需进一步确定实践教学资源整合和优化的具体方向与目标。例如,加大对校内实践设施的投入与更新力度,丰富实践课程的内容与形式,拓展高质量实习基地,深化与行业资源的融合与利用,等等。通过明确优化方向,可以确保后续工作有的放矢,取得实效。

3. 制定实践教学资源整合和优化方案

针对识别出的问题与不足,学校需要制定详细的实践教学资源整合和优化方案及计划。方案应明确时间节点、责任分工、预期效果等关键要素,确保各项优化措施能够得到有效执行与落实。学校还应建立相应的监督与评估机制,对实施过程进行动态跟踪与评估,及时调整优化策略,确保实践教学资源的持续优化与提升。

二、明确实践教学目标和需求

教学资源的整合与优化必须紧密围绕实践教学目标和学生的学习需求展开。这就要求学校在进行教学资源的整合与优化之前,深入剖析教学的关键要点与潜在难点,并总结学生在知识积累、技能提升以及情感态度发展等方面的具体需求。在设定实践教学目标时,学校应明确要培育学生的何种能力,如目标是强化其实践操作能力,那教学资源的整合与优化就必须聚焦实验设备的现代化升级与实习基地的优质拓展,以确保学生能在真实的或模拟的情境中,亲手操作,亲身体验,有效提升实践技能。对于学生在特定知识点上的理解障碍,教师需灵活应变,积极搜罗并整合多元化的教学资源。这包括生动直观的多媒体资料,用以激发学生的学习兴趣;深入浅出的案例分析,帮助学生搭建理论与实践的桥梁;以及互动式的学习平台,鼓励学生主动探索,深化理解。

三、对实践教学资源进行引进、整合与优化

(一)实践教学资源的引进

针对高校法学专业实践教学资源匮乏的问题,需要通过引入高质量教学资源来缓解教学压力,可以由政府主导,构建一个高效透明的沟通平台。具体而言,可由相关部门牵头搭建此平台,利用其公信力确保平台的权威性和信息可靠性,为供需双方提供安心交流的环境。在平台上,高校可清晰阐述其实践教学需求,能够提供实践教学资源的单位可对此需求进行响应,双方达成一致后便可匹配成功,形成类似"需求发布—资源匹配"的灵活机制,促进资源的高效对接与利用。政府部门还应承担起监管职责,对平台中的双方进行严格资质审核,剔除不符合标准或发布不实信息的单位,确保实践教学资源的优质性和真实性。这一系列举措能够有效缓解实践教学资源紧张的问题,促进教育资源的优化配置,为法学专业学生提供更加丰富的实践学习机会。

(二)实践教学资源的整合

1. 校内外资源联动

一是全面整合校内实践教学资源,包括师资力量、教学设施等资源,构建优势互补的教学体系,以提升教学质量与效率。二是有效整合校外资源,积极寻求与法律实务界的深度合作。学校与知名律师事务所、法院、检察院等建立紧密的合作关系,为学

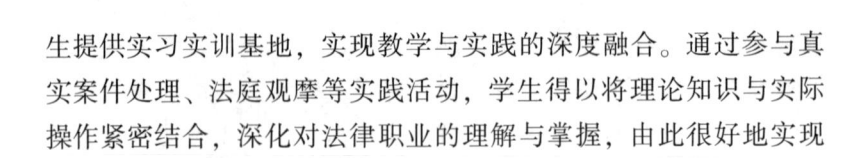

生提供实习实训基地,实现教学与实践的深度融合。通过参与真实案件处理、法庭观摩等实践活动,学生得以将理论知识与实际操作紧密结合,深化对法律职业的理解与掌握,由此很好地实现了教育与实践的无缝对接。

2. 跨学科资源整合

学校应加强法学与其他学科的交叉融合,如管理学、经济学、心理学等,通过开设跨学科课程,打破学科壁垒,引入各领域专家的智慧与经验,提升学生的综合素质和应用能力,使他们能够运用多学科知识解决复杂法律问题。

3. 网络资源利用

学校应充分利用现代信息技术,构建多元化的网络教学环境。学校引入高质量的在线课程、开通便捷的网络数据库访问权限,以及搭建高效的远程教学平台,可以极大地丰富教学资源,拓宽学生的学习渠道,使学生能够跨越时空限制,随时随地获取前沿知识,激发他们的学习兴趣。

(三) 实践教学资源的优化

1. 课程资源的优化

根据应用型人才培养目标,学校应注重法学课程资源结构的优化,进一步提升实践课程的比重。学校可通过增设法律实务操作、司法口才强化训练及法律文书规范书写等实践导向课程,确保学生在掌握扎实法学理论的同时,也获得充足的实践技能锻炼机会,并在毕业后能够迅速适应法律职业岗位的需求,实现理论知识与实践能力的深度融合。

2. 向内深化挖掘,开发实践教学资源

学校需深入挖掘内部潜力,巧妙结合时事热点,举办不同的实践活动,如在"3·15"国际消费者权益日举办消费者权益保护法治宣讲,在"12·4"国家宪法日组织普法知识竞赛,等等。这不仅能丰富校园文化,也能为学生提供宝贵的实践机会。学校还应利用自身优势,携手社区与中小学,定期开展反诈法治宣传与未成年人法治教育,让学生们在服务社会中历练成长,培养责任感与奉献精神。让学生在服务社会的过程中不断查漏补缺,也解决了实践教学资源不足的难题。

3. 教师资源的优化

教师资源是实践教学资源的核心组成,学校必须重视"双师型"师资队伍建设,引进具有丰富法律实务经验的专家,同时鼓励教师积极参与法律实践,以增强其理论与实践相结合的教学能力。学校还应定期组织教师参加专业培训与学术交流,不断更新教育理念,提升专业素养与教学水平,确保每位教师都能成为学生法学知识与实践技能双重提升的引路人。

4. 教学设施的升级

实践教学资源的优化必须注重教学设施的全面升级,对此学校应通过加大投入,不断更新和完善模拟法庭、法律图书馆及实践教学基地等重要教学设施。模拟法庭的现代化改造,让学生能身临其境地体验法律程序;法律图书馆的丰富藏书与电子资源,让学生得以徜徉在知识的海洋里;实践教学基地的完善,则为学生搭建了从理论到实践的桥梁。这些举措有利于为学生创造优越的学习与实践环境,助力其全面发展。

第三节 打造协同育人的产学研实践教学平台

一、深化协同育人思想认识与实践

(一) 强化协同育人理念

为打造协同育人的产学研实践教学平台,高校必须进一步深化对协同育人思想的认识,这有助于其进一步明确法治人才培养的目标与定位，提升法学教育质量。高校应全面理解和贯彻协同育人理念，在教学内容上，要始终坚持丰富法律、法务、民事刑事纠纷等核心内容的教学，摒弃传统、刻板的教学模式，注重教学的生动性和实践性，通过实践深化学生对法学知识的理解和认知。

（二）跨学科、跨行业合作，丰富实践教学内容

高校应积极倡导并实践协同育人理念，勇于打破学科间的壁垒，推动法学与经济学、社会学、计算机科学等多学科的深度融合。这种跨学科的交叉融合可以为学生提供更为宽广的知识视野，激发其创新思维，培养出具备综合能力的复合型人才。通过与不同行业专家的携手合作，法学专业学生不仅能够巩固和检验所学的法学理论知识，还能在实践中接触到最前沿的行业动态和实际操作，进而在实践中深化对法律知识的理解与应用，提升法律应用的能力。

加强高校间的交流合作也是实现协同育人的关键一环。不同地区的高校拥有各自独特的资源与优势，其通过资源共享、课程互选、学分互认等方式，可以为学生提供更广阔的学习与实践平台。这种跨地区的合作模式，有助于打破地域限制，拓宽学生的视野，增强他们的综合素质与竞争力。

（三）整合社会资源，构建协同育人平台

高校应围绕协同育人的核心理念，积极汇聚法治社会建设中的优质资源，如法律服务机构、政府部门、非政府组织等，与法学教育深度融合，共同搭建一个集理论学习、实践操作、社会服务于一体的实践教学平台。这一平台可以有效地满足法学专业学生在毕业后进入社会和行业的需求，解决高校法学教学在专业学科素养、法学应用等方面的具体问题。协同育人平台还能为教师提供及时、全面的学生学习状况反馈，有助于教师精准施教，优

第六章 应用型人才培养目标下的法学专业实践教学改革路径

化教学内容与方法。对于其他地区的高校而言,其可利用该平台制定和调整人才培养目标。多所高校合理利用该平台,能够共同推动法学教育的持续进步与发展。

(四)创新协同育人模式,丰富实践教学内容

在法学专业实践教学改革不断深化的过程中,创新协同育人模式、丰富实践教学内容成为提升法学教育质量、培养高素质法律人才的关键路径。高校应主动拓宽合作视野,与公检法等法律实务部门建立深度合作关系,共同探索并实施多元化的协同育人模式。"仲裁+课堂""纪检+课堂""刑事+课堂"等创新模式,将法律实务中的真实案例与课堂教学紧密结合,不仅能增强法学教育的实践性和针对性,还能促进理论与实践的高度融合。这些模式通过模拟仲裁、纪检审查、刑事案件处理等场景,让学生在实践中深化对法律知识的理解,提升解决实际问题的能力。

高校可在校内设立"学生仲裁法院",为学生提供一个处理校园法律纠纷、开展法律援助的实践平台。通过参与仲裁法院的运作,学生不仅能够将所学知识应用于实践,还能在实践中锻炼沟通协调、团队合作等综合能力。高校还应充分利用各种教学手段,如模拟法庭、辩论赛等,激发学生的法学知识应用兴趣,培养其独立思考和批判性思维能力。下面分享一个某高校的"学生仲裁法院"实践案例。

一、案件概述

本案涉及某高校 D 同学与 E 同学之间因饭卡丢失及盗刷行为引发的纠纷。D 同学在食堂打饭时不慎遗失饭卡,随后 E 同学捡到饭卡但并未及时归还,反而进行了盗刷操作。D 同学发现饭卡被盗刷后,向学校"学生仲裁法院"提起申诉,要求 E 同学承担相应的责任。

二、仲裁过程

案件受理:"学生仲裁法院"在接到 D 同学的申诉后,立即组织相关人员进行案件调查,并通知 E 同学参与仲裁程序。

证据收集:仲裁过程中,双方均提供了相关证据,包括饭卡交易记录、监控视频等,以证明各自的主张。

庭审过程:在庭审过程中,"学生仲裁法院"的主审"法官"和"陪审团"认真听取了双方当事人的陈述和辩解,D 同学陈述了饭卡丢失及被盗刷的事实,E 同学则承认捡到饭卡并进行了盗刷,但表示并未意识到该行为的严重性。

仲裁裁决:"学生仲裁法院"的主审"法官"和"陪审团"一致认为,E 同学的行为已经构成了盗窃,但考虑到校方要求采用更为柔和的人性化处理方式,遂作出如下裁决:E 同学向 D 同学进行道歉,并赔偿因盗刷行为给 D 同学造成的损失;"学生仲裁法院"对 E 同学进行口头批评教育,并匿名进行全校通报,以净化校园风气。

三、监督与执行

为确保仲裁裁决的公正性和执行力,"学生仲裁法院"在裁决过程中,始终接受学校法学教授的监督。法学教授对仲裁程序、裁决结果进行了严格审查,确保仲裁过程符合法律原则和校方要求。同时,学校相关部门也积极协助执行裁决,确保 D 同学的合法权益得到维护,也让 E 同学受到了应有的教育和惩处。

二、构建校地合作型法学专业实践矩阵组织

构建校地合作型法学专业实践矩阵组织需要多方面的努力和合作,对此可建立多样化平台,以全面提升法学专业实践教学的应用性,为培养高素质的应用型法律人才提供有力保障。多样化

平台构成如图 6-1 所示。

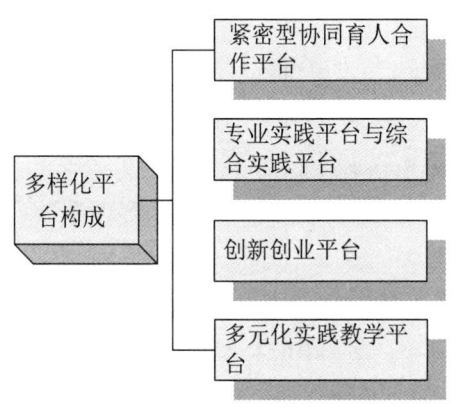

图 6-1　多样化平台构成

多样化平台构成：
- 紧密型协同育人合作平台
- 专业实践平台与综合实践平台
- 创新创业平台
- 多元化实践教学平台

(一) 紧密型协同育人合作平台的建立

1. 组织构成

紧密型协同育人合作平台应由法学院牵头，联合地方法学会、律师协会、法院及检察院等法律实务部门共同组建，旨在集合法学教育与法律实务界的优势资源，围绕人才培养、实习就业、社会服务及科学研究等核心领域，开展深度合作与交流。

2. 合作机制

紧密型协同育人合作平台的高效运行需要建立一系列务实的合作机制，具体如图 6-2 所示。

```
合作机制 ─┬─ 人才共育共管机制
         ├─ 定期召开联席会议
         ├─ 优质资源共享机制
         └─ 产学研联盟长效机制
```

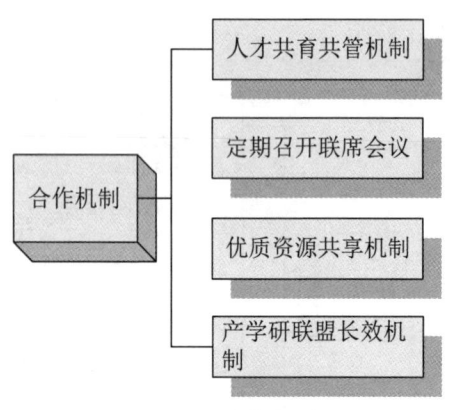

图 6-2　合作机制

一是积极推行人才共育共管机制，确保法学教育与法律实务在人才培养上的无缝对接，实行成果共享、责任共担的原则，鼓励各方积极贡献资源与智慧，共同推动法学教育的繁荣发展。二是定期召开联席会议，邀请法学院、地方法学会、律师协会、法院及检察院等实务部门的代表共同参与，共同商讨合作事宜，及时解决合作过程中遇到的问题与困难。三是建设优质资源共享机制，整合各方教学资源、实践案例及研究成果，实现资源共享与交流，促进法学教育与法律实务的深度融合。四是构建产学研联盟长效机制，鼓励并支持教师、学生参与法律实务部门的项目研究、案例分析等实践活动，以实践促教学，以教学带实践，共同培养具有创新精神和实践能力的法律人才。

（二）校内专业实践平台与校外综合实践平台的建设

1. 校内专业实践平台

校内专业实践平台以模拟法庭、大学生法律服务中心为主要依托，开展法学专业实践教学活动，为学生提供了丰富的实践机会。模拟法庭应定期举办模拟审判、模拟仲裁等活动，让学生在仿真的法律环境中锻炼法律实务操作能力，加深对法律知识的理解与应用。这些活动不仅能提高学生的专业素养，还能培养他们的团队合作精神和应变能力。大学生法律服务中心则为学生提供法律咨询、法律援助等实践机会，让学生在实际操作中体验法律服务的流程与要求，不断增强社会责任感和服务意识。

2. 校外综合实践平台

为了拓宽法学专业学生的实践视野，学校与法院、检察院、律师事务所及党政机关等多种类单位建立了密切的校外实习实训基地合作关系。这些校外实习实训基地能为学生提供丰富的实践机会，包括实习实训、社会实践和科研创新等。学生可以在真实的工作环境中，深入了解司法实务操作流程，体验法律职业的真实状态。学校应鼓励学生积极参与校外实践基地的司法实务工作，通过亲身实践，将法学理论与司法实务相结合，提高自己的专业素养和实践能力。校外综合实践平台的建设，为学生搭建了从校园走向社会的桥梁，为他们的职业发展奠定了坚实的基础。

(三) 创新创业平台的搭建

在构建校地合作型法学专业实践矩阵组织过程中，创新创业平台的搭建是不可或缺的一环。该平台旨在通过"社会实践、创新创业计划"等的设计与开展，为法学专业学生提供丰富的实践教学资源和全面的能力培养机会。

1. 社会实践

社会实践是创新创业平台的一大亮点。该平台通过组织学生参与社会调查、法律援助、普法宣传等社会实践活动，让学生走出校园，深入社会，了解社会需求和法律实务，增强自身的社会责任感，并在实践中发现问题、解决问题，提升法律实际应用能力。

2. 创新创业计划

创新创业计划则是创新创业平台的核心内容。该平台鼓励学生结合法学专业背景，积极参与法律相关项目、法律服务产品创新等创新创业计划。同时，该平台还提供全方位的创业指导、资金支持等创业服务，帮助学生将创新创业梦想转化为现实，锻炼其创新思维和实践能力，使其为我国的法治建设贡献自己的力量。

（四）多元化实践教学平台的建设

1. 校外实践基地建设

高校应充分利用各种校内外资源，积极拓宽合作渠道，与企事业单位、公检法机关、律师事务所等法律实务部门携手共建校外实践基地。校外实践基地要为学生提供实践机会、实习岗位和就业指导服务，帮助学生更好地规划职业生涯。通过校外实践基地的实践锻炼，学生能够更加熟练地掌握司法实务操作流程，将法学理论与司法实务紧密结合，全面提升自身的专业素养和实践能力。

2. 网络教学平台

在建设多元化实践教学平台过程中，网络教学平台是不容忽视的内容。学校可以充分利用这一平台，为学生引入公检法模拟案例等系统或软件，帮助他们更好地理解法律实务。网络教学平台应提供丰富的教学资源，包括在线课程和案例库等，以满足学生自主学习的需求。该平台还应设立互动交流模块，方便学生课后与教师、同学进行交流和讨论。这样的教学模式不仅能突破时间和空间的限制，还能提高学生的学习兴趣和效率，为法学教育注入新的活力。

3. 法学学科竞赛平台

搭建法学学科竞赛平台是多元化实践教学平台建设的重要内容。该平台积极举办法学辩论赛、模拟法庭竞赛、模拟仲裁庭比赛等学科竞赛活动，学生在参与这些活动过程中深入研究法律条文、案例，运用法学理论解决实际问题，通过激烈的竞争，激发自主学习能力和沟通及应变能力，同时培养团队协作精神和竞争意识。这些竞赛活动不仅能丰富学生的课余生活，更能在无形中提升他们的专业素养和实践能力。

三、强化产学研深度融合，完善实践教学基地建设

（一）扩大实践教学基地规模与数量

对于应用型法律人才培养来说，实践教学基地是学生将理论知识转化为实践技能的重要场所。为了更好地打造协同育人的产学研实践教学平台，学校需要积极扩大实践教学基地的规模和数量。一方面，学校要与更多的法律实务部门建立合作关系，如律师事务所、法院、检察院、法律援助中心、企业法务部门等，以争取更多的实践机会和资源。这些部门拥有丰富的法律实践经验和资源，能够为学生提供真实的法律实践环境，帮助他们更好地理解和掌握法律知识。另一方面，对于已有的实践教学基地，学校要根据实际情况，适时扩大其规模，提高安排实习实训的能力，以确保每位学生都能获得充足的实践锻炼机会。

除了传统的法律实务部门，学校还应积极探索与新兴的法律科技公司、社会组织、公益机构等建立合作关系，为学生提供更多元化的实践平台。随着科技的不断发展，法律行业也在经历着深刻的变革。为了更好地满足社会对法律人才的需求，学校需要让学生了解并掌握最新的法律科技知识和技能，以适应行业的发展。学校通过与社会组织、公益机构等合作，让学生得以参与更多的公益活动，培养自身的社会责任感和奉献精神。

在扩大实践教学基地规模和数量的基础上，学校还要不断丰富和完善实践教学活动的内容与形式。除了传统的专业实习，学校还可以开展实务调研、实务观摩、专业技能训练，以及第二课堂活动等多种形式的实践教学活动。这些活动能够帮助学生更好

地理解和掌握法律知识,提升他们的实践能力、创新能力和团队协作能力。通过参与这些活动,学生还可以更好地了解自己的职业兴趣和发展方向,为未来的职业生涯做好规划。

(二) 建立可持续发展管理模式

探索可持续发展管理模式是完善实践教学基地建设、保障实践教学基地长期稳定运行的重要举措。

(1) 多元化的资金来源是实践教学基地可持续发展的基础。除了政府资助,学校还可以积极寻求企业赞助和社会捐赠等,为实践教学基地提供稳定的资金支持。

(2) 合作共建与资源共享是实现实践教学基地可持续发展的关键。学校与法律实务部门建立长期稳定的合作关系,共同投入资源建设实践教学基地,不仅可以实现资源共享、优势互补,还能提高实践教学活动的针对性和实效性。

(3) 动态调整与优化是提升实践教学基地活力和吸引力的保障。随着法律行业的不断发展和社会需求的不断变化,实践教学基地需要适时调整实践教学的内容和形式,确保实践教学活动始终贴近实际、符合需求。

(4) 激励机制建设是激发实践教学基地及实践指导教师积极性和创造力的有效手段。学校通过建立合理的激励机制,对表现优秀的实践基地和实践指导教师给予表彰和奖励,可以激发他们的积极性和创造力,推动实践教学活动的不断创新和发展。

(三) 完善实践教学规章制度与工作方案

为强化产学研深度融合,完善实践教学基地建设,确保校外实践教学活动的安全、有序和高效开展,合作各方应制定并完善一系列相关的规章制度,同时细化工作方案,明确各方职责与任务。

1. 建立健全规章制度

为了确保校外实践教学活动的科学性和系统性,学校必须建立健全一系列规章制度。一是教学运行制度。明确校外实践教学的教学计划、课程安排、教学方法与手段等,确保校外实践教学活动的科学性和系统性。二是学生管理制度。制定学生在校外实践期间的行为规范、考勤管理、请假制度等,加强学生的纪律性和自我管理能力。三是安全保障制度。建立校外实践教学活动的安全风险评估、应急预案、保险保障等机制,确保学生在实践过程中的生命安全和身体健康。四是考核与评价体系。制定校外实践教学的考核标准和评价体系,对学生的学习成果和实践表现进行客观、公正的评估,有助于各方了解实践教学的效果,及时调整教学策略,提升教学质量。

2. 细化工作方案

(1) 明确职责分工。详细划分学校、实务部门、指导教师及学生等各方在实践教学活动中的职责和任务,确保每一方都清楚自己的角色和责任,确保各项工作有序进行。

(2) 制定详细计划。根据实践教学活动的目标和要求,制定详细的时间表、任务分配表和资源需求表,全面掌控实践教学活动的进度和资源使用情况,确保实践教学活动的顺利实施。

(3) 加强沟通与协调。建立有效的沟通机制,加强学校与法律实务部门、指导教师与学生之间的沟通与协调,及时解决实践过程中出现的问题。

(4) 监督与反馈。设立监督机构或指定专人负责实践教学的监督与反馈工作,定期收集和分析实践教学活动的数据和信息,及时调整和优化实践教学方案。这有助于各方及时发现实践教学活动中存在的问题和不足,及时调整和优化实践教学方案,不断提升实践教学的效果。

(四) 积极争取法律实务部门与优秀校友的支持与资助

1. 进一步深化与实务部门的合作，尽量争取更多的支持

(1) 邀请法律实务部门的专家来基地举办讲座或研讨会也是加强合作的重要途径。这些专家拥有丰富的专业见解和工作经验，能够为学生提供与业界精英交流的机会，进而拓宽学生的视野和思路。通过与专家的互动，学生可以更深入地了解法律实践中的挑战和机遇，激发他们的学习兴趣和实践热情。

(2) 实践项目合作。学校应与实务部门共同开展实践项目合作，如法律咨询服务、法律援助活动等，让学生在参与项目的过程中提升实践能力，让他们在实践中体验到法律职业的社会责任感和使命感，同时为社会作出贡献。

2. 加强与优秀校友的联系与合作

(1) 职业发展指导。学校应建立校友数据库，定期邀请在各行各业取得杰出成就的校友来基地，通过讲座、座谈会等形式分享他们的工作经验、职业发展路径和成功案例，为学生提供宝贵的职业发展建议。

(2) 资金与物资支持。学校应鼓励校友为实践教学基地的建设提供资金或物资支持，如设立奖学金、实践基地建设基金等，以实际行动助力学弟学妹的成长。

(3) 建立校友导师制度。学校应建立校友导师制度，邀请有意愿、有能力的校友在实践教学基地担任学生的职业导师，为学生提供一对一的职业规划指导和实践机会推荐，增强学生的职业竞争力。

(五) 促进校地长期合作与发展

为了进一步深化产学研合作，促进法学教育与法律实务的紧密结合，学校需要建立并维护校地合作的长期机制，与法律实务部门签订正式的合作协议，推动双方在人才培养、科学研究、社

会服务等方面的深入合作,为校地合作提供法律保障,实现产学研深度融合,为打造协同育人的产学研教学平台提供有力支撑。

1. 设立联合研发中心或实践基地,搭建产学研深度融合的桥梁

学校可与相关企业共建联合研发中心或实践基地,作为产学研合作的实体平台,用于开展法律实务研究、案例分析、技能培训等活动,促进理论与实践的深度融合。这不仅是一个物理空间的构建,更是理论与实践深度融合的起点。依托联合研发中心或实践基地,开展法律咨询、法律援助等社会服务,既可以提升学生的实践能力,又能为社会提供优质的法律服务。

2. 定期组织校企交流活动

学校可举办校地合作论坛、研讨会、讲座等活动,邀请法律实务部门的专家、学者及企业代表来校交流,分享行业最新动态、发展趋势及实践经验,增进双方的了解和信任。此外,学校还可以鼓励教师与实务部门开展合作研究,共同申报科研项目、发表学术成果,以科研为纽带,深化校地合作的内涵。

3. 建立校地合作评估与反馈机制

为了确保校地合作的持续性和有效性,校地双方应定期对合作情况进行评估,收集双方的意见和建议,及时调整合作策略,确保合作的持续性和有效性;并可建立校地合作成果展示平台,展示合作成果,激励双方持续深化合作。这一机制不仅是对合作成果的肯定,更是对双方共同努力的认可。

第四节 教师队伍建设和专业化发展

教师队伍建设和专业化发展是法学专业实践教学改革的重要路径之一。一个高素质、专业化的教师团队是确保教学质量、推

动实践教学改革、培养卓越法治人才的关键。通过合理配置实践师资力量、完善教师培训体系、构建科学评价体系、推动教师科研与教学相结合，以及加强教师团队建设等措施，可以不断提升法学专业教师的专业素养和教学能力，为培养卓越法治人才提供有力保障。

一、完善人事管理制度，合理配置实践师资力量

高校应重视实践教学师资的引进与培育工作，通过完善人事管理制度、强化实践师资力量、引进与培养并举等措施，高校可以构建一支既精通法学理论又擅长法律实务的高素质教师队伍，为培养应用型、复合型法律人才奠定坚实基础。

（一）完善人事管理制度，强化实践师资力量

在教师队伍建设中，高校应率先革新人事管理制度，打破传统束缚，以实践能力为核心导向，优化人才引进策略。这意味着高校不仅要关注学历与学术成果，更要重视候选人的法律实务经验和教学能力。高校应通过拓宽招聘渠道，积极吸纳来自司法实务部门的精英，如资深律师、法官及企业法务高管，作为兼职或全职实践指导教师，以多元化的师资结构丰富教学内容，增强实践教学的实效性和针对性。

为确保实践教学的高效运行，高校需明确实践教学岗位的层级设置与职责划分，依据教师的能力与专长合理分配教学任务；引导教师树立科学的教学目标，明确个人职业发展规划，促进教师队伍整体素质的持续提升；建立健全的激励机制与退出机制，激发教师的工作热情与创造力，形成良性竞争氛围，确保教师队伍活力。

（二）引进与培养并举，打造"双师型"教师团队

高校应持续加大力度，引进高水平法律人才，特别是那些既

具备深厚学术功底又拥有丰富法律实务经验的专家学者。他们的加入能够为学生带来最前沿的法学理论与实践案例，将最新的实战经验融入课堂，极大地提升学生的实践能力。除了师资引进，高校还应注重"双师型"教师的培养与发展。具体来说，高校应鼓励并支持现有教师走出校园，深入企业法务部门、律师事务所等一线单位进行挂职锻炼，通过参与实际案件处理，亲身体验法律实践，更新知识结构，提升教学实践能力。专任教师可担任兼职律师、兼职仲裁员、兼职行政机关复议委员会委员和人民陪审员等职务，以拓宽视野，增强理论与实践的结合能力。学校还应鼓励教师间的交流与合作，通过组建跨学科、跨领域的教学团队，实现资源共享、优势互补，推动法学教育的创新发展。

（三）深化校地合作，加强教师的双向流动

1. **实施互聘计划**

为深化校地合作，实施互聘计划成为加强教师双向流动的一项重要举措。该计划旨在推行高校与法律实务部门工作人员之间的互聘互任，打破传统界限，促进人才的双向流动。高校与法律实务部门的人员可以根据自身的工作需要和兴趣，在保持原单位职务的同时，灵活地到对方单位进行兼职或挂职。这一制度有助于实现校内外人力资源的共享与交流，进一步强化"校地合作，双向流动"的核心理念。

通过互聘计划，教学与实践的结合将更加紧密，双方人员能够在交流中相互学习、共同提高。这不仅有助于提升高校的教学质量和法律实务部门的工作效率，更能够为培养更多具备理论素养和实践经验的复合型法律人才奠定坚实基础。

2. **建立"一对一"合作项目**

建立"一对一"合作项目旨在实现校内外教师的紧密合作，每位校内专任教师都将与一位来自实务部门的专家结对，携手共进。在"一对一"的合作模式下,双方将共同开展教学、科研及社会服务等一系列活动,这种深度合作有助于推动法学教育界与实务界之间的协同创新。在这一模式下,校内教师将有机会深入了解实务部门的运作机制和实际需求,进而提升自身的实践积累与教学质量,更好地指导教学实践;而实务部门专家则能够借助高校的理论资源,提升自身的专业素养和理论水平。这样的双向流动和互补合作,将为法学教育的持续发展注入新的活力。

3. 优化师资队伍结构

法学院校应致力于打造一支结构均衡、高水平的专兼结合教学团队。具体来说,在职称、年龄、学历及学缘结构方面,应力求多样性与合理性,确保师资队伍的全面性和活力;在引进人才方面,应注重吸纳来自实务部门的专家,他们丰富的实践经验能为学生带来更多的学习资源。同时,学校应持续加强对现有教师的培养,通过系统专业培训和个人发展规划,全面提升他们的教学、科研及实践能力。这样的双向努力,旨在打造一支既具备深厚理论功底,又拥有实战经验的师资队伍,为校地合作的深化和教育教学质量的提升奠定坚实基础。

二、完善教师培训体系,提高教师实践能力

在强化教师管理制度的基础上,高校应进一步完善教师培训体系,确保法学教师的实践能力与时俱进。通过深化与法律实务部门的合作,为法学教师搭建起坚实的实践平台,避免出现"挂而不炼"的现象,确保每位教师都能在真实的工作环境中锤炼技能,积累宝贵的实践经验。为实现这一目标,高校需采取多措并举的策略。一方面,加强与挂职单位的沟通协调,明确教师挂职期间的具体工作任务和考核指标,确保其实践教学活动有的放矢,成效显著。另一方面,注重校内培训制度的完善与创新,实施

"以老带新"的导师制度,让经验丰富的教师成为年轻教师的引路人,加速其成长,促进其快速融入实践教学团队。

高校还应定期举办各类法学教育培训和学术交流活动,为教师提供学习最新法学理论、法律实务及教学方法的机会。特别是针对法学专业实践教学的特点,可开展模拟法庭教学、法律文书写作、法律诊所教学等专项培训,提升教师在这些关键领域的指导能力。通过这些培训,教师不仅能拓宽视野,更新知识结构,还能培养创新思维,提高教学质量。高校应鼓励并支持教师带领学生参加各类校外法律竞赛和实践活动,这不仅是对学生实践能力的锻炼,也是对教师指导能力的考验和提升。通过参与竞赛,师生可以共同面对挑战,解决问题,增强团队协作能力和竞争意识,从而在实践中不断成长和进步。

三、构建科学评价体系,促进教师的专业化发展

随着国家对高校实践教学重视程度的提升及社会对实践性人才需求的激增,高校亟须构建一套科学、全面的教师评价管理体系,以激发教师实践教学热情,推动其专业化发展。在年度考核中,高校应显著提升对教师实践业绩的评价权重,根据实践教学的独特性和要求,优化奖惩机制,确保教师能够全身心投入法学专业实践教学工作。

针对实践能力评价的复杂性,高校需设计多维度、多层次的评估指标,综合考量教师在教学任务完成度、校外法律实践项目参与及成果、学生实践能力提升情况等多方面的表现。同时不断探索和完善考核方法,减少主观误差,确保评价结果的公正性和准确性。为充分发挥评价体系的激励作用,高校应将考核结果与教师职称评定、职务晋升及奖金分配紧密挂钩。具体而言,应将教师的实践教学成果纳入职称评定和晋升的考核体系,鼓励教师

在实践教学领域深耕细作,勇于创新;并设立专项奖励基金,对在实践教学和科研工作中表现突出的教师进行表彰和奖励,树立先进典型,营造积极向上的工作氛围,进一步激发教师的积极性和创造力。

四、推动教师科研与教学相结合

在应用型人才培养背景下,为了进一步提升法学教育的质量,高校应积极推动教师科研与教学相结合,实现两者的良性互动。

(一)鼓励科研创新,转化教学资源

高校应大力支持教师开展法学领域的科研工作,为教师提供必要的经费、设备和时间保障,以激发其科研热情和创新活力。同时鼓励教师将科研成果转化为教学资源,通过案例教学、专题讲座、研究报告等方式,将最新的法学理论、研究成果引入课堂,丰富教学内容,提升教学质量。

(二)促进科研与教学互动,实现教学相长

高校应鼓励教师在教学过程中保持敏锐的问题意识,积极发现教学中的难点、热点和前沿问题,并以此为契机开展科研工作。教师应将科研过程中的新发现、新观点和新方法及时应用到教学实践中,通过改革教学方法、优化课程设计等方式,提高教学效果和学生的学习体验。这种科研与教学的互动过程,不仅能够促进教师个人学术水平的提升,还能够形成教学相长的良好氛围,推动法学教育的整体进步。

五、加强教师团队建设

在法学教育领域,加强教师团队建设,优化团队结构,强化团队协作,对于促进法学专业实践教学改革和人才培养具有重要意义。

(一)优化团队结构,促进多元互补

高校应根据法学专业实践教学的实际需求,科学规划教师团队的结构和配置。在年龄方面,应形成老中青相结合的梯队,确保既有经验丰富的老教师引领方向,又有充满活力的青年教师注入新鲜血液;在学历和职称方面,应鼓励教师持续提升自我,同时注重引进高层次人才,以提升团队的整体学术水平;在实践经验方面,应鼓励教师积极参与法律实务,积累实战经验,形成理论与实践相结合的师资队伍。这样的团队结构有利于实现知识、经验和技能的多元互补,为法学教育提供有力支撑。

(二)强化团队协作,共谋发展大计

加强教师之间的沟通与协作,是提升团队凝聚力和战斗力的关键。高校应组织多样化的团队建设活动,如教学研讨会、学术交流会、教学观摩等,为教师提供相互学习、交流经验的平台。通过这些活动,教师不仅可以分享教学心得、探讨教学方法,还可以共同研究教学难题、制定教学策略,形成教学合力。高校还应建立健全团队协作机制,明确团队成员的职责分工,鼓励教师之间开展跨学科、跨领域的合作研究,共同推进法学专业实践教学改革和人才培养工作。在团队协作的过程中,教师应秉持开放、包容的心态,相互尊重、相互支持,共同为法学教育事业的繁荣发展贡献力量。

第五节 学生能力培养和评价体系构建

一、学生能力培养的多元化路径

(一)以教师讲授为基石的多元化学习

1. 深化教师讲授,融合多元教学方法

在培养学生能力的过程中,教师讲授仍然是不可或缺的基础环节。但在应用型人才培养的背景下,现代高等法学教育强调的不仅仅是知识的传授,更关注如何让学生主动吸收、理解和应用所学知识。教师应充分挖掘和利用多种教学方法，如讨论式、启发式、案例式、参与式等，以激发学生的学习兴趣，培养他们的专业思维能力和创新能力，为后续的实践活动打下坚实的基础。

2. 融合信息化手段，促进学生自主学习

随着信息化时代的到来，教育领域也迎来了新的变革。高校应充分利用线上线下教学平台等信息化工具，加强师生之间的互动，提升学生的自学能力。教师可以通过课前发布预习内容、设计问题引入等方式，引导学生事先了解课程内容并主动思考；课中则可以通过带入问题进行讲授、罗列知识点并辅以案例分析等方式，深化学生的理解；课后则可以通过布置延伸思考题、巩固练习题及扩展资料学习等方式，加强学生记忆并丰富其知识体系。这种良性循环的教学模式，有助于学生养成自主学习的良好习惯。

3. 平台训练与实践教学相结合

为了进一步提升学生的实践能力，高校应将平台训练与实践教学紧密结合。在授课过程中，教师可以结合学科竞赛进行讲解，分析竞赛中的言辞、文书等技巧，并通过模拟案例库中的典型案例，运用言辞表达和法律文书写作的模拟结合方式，让学生在实践中学习和掌握相关技能。在司法鉴定技能、法律援助等领域的教学中，教师也可以采用类似的方式，将专业知识传授与模拟实践相结合，让学生在实践中深化理解并提升能力。

（二）以深入学习为驱动的自主研究探索

在坚实的教学基础上，学生被激励进一步自主开展学习活动，并自然过渡到深入研究阶段。这一阶段要求学生不仅具备扎实的理论知识，还需拥有持续探索的决心和动力。理论知识的积累不再只依赖于教师的讲授，而是需要学生主动拓展学习领域，深化知识理解，形成自己的知识体系。平台作为教学资源的聚合体，为学生提供了广阔的学习空间，有助于他们扩展知识边界，深化理解，从而实现教学相长的积极循环。

具体到实践训练中，学科竞赛模拟成为检验学生理论知识与实践能力的重要桥梁。学生在掌握基本理论后，通过模拟法庭、辩论等训练形式，将所学知识应用于实际情境中，同时在模拟过程中发现问题、思考问题并寻求解决方案。司法鉴定技能训练则侧重培养学生的实践操作能力和问题解决能力。学生在掌握操作规范和基础检测检验知识的基础上，通过实际操作掌握仪器设备的使用，并运用所得结论进行深入分析和研究。这种从实践中来、到实践中去的学习方式，有助于学生形成有价值的科研成果，并为未来的职业发展打下坚实的基础。法律援助实践则是将理论知识应用于真实案件的重要途径。真实案件的复杂性和多样性要求学生不仅要掌握基本的援助专业知识，还要具备在实务中发现问题、研究问题和解决问题的能力。通过参与法律援助实践，学生可以更深入地了解社会现实和法律实践，提升自己的专业素养和社会责任感。这种以学为前提的研究模式，为学生提供了广阔的发展空间，鼓励他们在实践中不断探索、勇于创新，为未来的职业发展和社会进步贡献自己的力量。

(三) 以应用为核心的职业化引导

学以致用，是教育的核心导向，旨在将知识转化为解决实际问题的能力，培养适应社会需求的应用型人才。用，是以学科为基础的高度适应性操作，是与专业相匹配的实训。从学科竞赛模拟到司法鉴定技能训练，从法律援助实践到创新创业孵化，每一项实践应用训练都要紧密贴合专业和职业需求，增强学生的实践能力，使他们在实习与就业中能够迅速适应岗位要求。持续的实操训练促使学生在不断试错与验证中，产出具有实际应用价值的成果，促进了从"用"到"产"的良性循环，即实际应用推动效益产生，而效益又反哺实际应用，形成了独特的人才培养生态。

(四)以职业为目标的教师讲授

教师以职业为导向的教学,旨在构建学校教育与社会实际需求之间的桥梁,确保学生所学能直接转化为适应社会、满足岗位能力要求的技能。教育的直接目的和出发点是教授知识,而终极目标则是培养出既掌握扎实专业知识,又具备卓越实践与创新能力的复合型人才。为实现这一目标,教育需聚焦构建"产教学研用"深度融合的体系。这一体系强调,知识传授、学习探索、科研创新、实践应用及成果产出,各环节紧密相连,形成闭环,而非孤立或线性的过程。在此模式下,教学不再局限于课堂,而是贯穿理论学习、实验操作、课题研究、社会实践及最终成果产出的全过程。

二、学生能力评价体系的构建

学生能力的评价体系是法学专业实践教学改革的重要组成部分。科学、全面、客观的评价体系,可以准确评估学生的知识掌握程度、实践技能、创新思维和职业素养,为教学改进和学生个人发展提供有力支持。学生能力评价体系的具体构成见表6-2。

表6-2 学生能力评价体系的具体构成

体系构成	具体分项	详细阐释
评价原则	全面性	评价体系应涵盖法学专业实践教学的各个方面,包括理论知识应用、法律实务操作、法律思维培养等
	客观性	评价过程应确保公正、公平,避免主观偏见对评价结果的影响
	动态性	评价体系应随实践教学改革的深入而不断调整和完善,以适应新的教学需求
	激励性	通过评价结果的反馈,激发学生的积极性和创造力,促进其全面发展

续表

体系构成	具体分项	详细阐释
评价内容	知识掌握程度	评估学生对法学专业基础知识和核心理论的掌握情况，包括法律条文、法律原则、法律概念等。通过闭卷考试、开卷考试、论文等形式，考核学生对法学专业知识的掌握程度。评价学生在课堂上的参与度、回答问题的准确性和积极性等
	实践技能	考查学生在模拟法庭、法律诊所、法律援助等实践环节中的表现，如法律文书的撰写、法律谈判的技巧、法律问题的分析等
	创新思维	鼓励学生提出新颖的法律观点和解决方案，评估其创新思维和批判性思维能力。鼓励学生进行案例分析，评价其创新思维和解决问题的能力。鼓励学生参与法学研究项目或发表学术论文，评价其科研能力和创新能力
	职业素养	评价学生的职业道德、法律意识、团队协作能力、沟通能力等职业素养
评价方法	建立科学的评价标准	根据不同课程和实践环节的特点，制定具体的评价标准，确保评价的针对性和有效性
	多元化评价方式	形成性评价：在教学过程中进行持续性评价，包括课堂表现、作业完成情况、小组讨论等，以了解学生的学习进度和存在的问题
		总结性评价：在实践教学结束后进行全面评价，如期末考试、项目报告、实习鉴定等，以检验学生的学习成果和实践能力
		自我评价与同伴评价：鼓励学生进行自我反思和同伴互评，促进自我认知和相互学习
		第三方评价：邀请法学专家或实务工作者对学生的实践成果进行专业评价，提供宝贵意见和建议。邀请校外专家、实习单位等第三方参与评价，提高评价的客观性和公信力

续表

体系构成	具体分项	详细阐释
评价结果的应用	教学反馈	将评价结果反馈给教师,帮助教师了解教学效果,调整教学方法和内容
	学生指导	针对学生的个体差异和存在问题,提供个性化的指导和建议,促进学生的全面发展
	激励机制	将评价结果作为评优评先、奖学金评定、实习推荐等的重要依据,激发学生的积极性和创造力
	持续改进	根据评价结果分析实践教学改革中的成功经验和不足之处,为持续改进提供科学依据

第六节 法学专业实践教学的信息化和智能化发展

随着信息技术的飞速发展和智能技术的广泛应用,法学专业实践教学也迎来了信息化和智能化的发展机遇。这一趋势不仅促进了实践教学效率和效果的提升,还为学生带来了更加丰富、便捷的学习体验。

一、信息化与智能化发展的意义

信息化与智能化的发展在法学专业实践教学领域展现出深远的影响,它们共同构筑了一个高效、直观且富有创新性的学习环境,极大地提升了实践教学的效率与效果,深刻影响着学生的实践能力与未来竞争力。

(一)信息化与智能化的融合给法学教育带来了前所未有的便捷性

学生不再受限于传统的学习资源获取方式,而是能够利用电子数据库、在线服务平台等先进工具,随时随地获取丰富的学习

第六章 应用型人才培养目标下的法学专业实践教学改革路径

材料和实践机会。这种即时性与广泛性极大地提升了学习效率,让学生能够在更短的时间内掌握更多知识。智能化工具,如智能辅导系统、个性化学习平台等,能够根据学生的实际情况提供精准的学习支持,帮助他们更深入地理解和运用法律知识,进一步提升学习效果。

(二)信息化与智能化的发展促使教师不断探索和创新教学方法

面对新的教学环境和要求,教师需要不断更新教育理念,灵活运用虚拟现实技术、大数据分析等先进信息技术手段,构建出更加符合时代特点和学生需求的教学模式。这种发展推动了法学教育的现代化进程。

(三)信息化与智能化的发展对培养适应社会需求的法律人才具有重要意义

随着社会的不断发展和进步,法律行业对人才的需求也在不断变化。法学专业实践教学需要紧跟时代步伐,注重培养学生的信息化素养和智能化技能,使他们能够熟练运用现代信息技术解决复杂的法律问题。只有这样,才能培养出具备信息化与智能化操作能力的应用型法律人才,满足社会的多元化需求。

二、法学专业实践教学信息化

信息化在法学专业实践教学中的应用,正逐步重塑着传统的教学模式,为学生提供了一个更加广阔、便捷且高效的学习空间。一是电子法律数据库与在线资源的建立,为法学专业学生打开了另一扇通往知识宝库的大门。这些资源涵盖法律法规、司法案例、学术论文等丰富内容,并借助智能化的检索系统,能够让学生迅速定位所需信息,实现随时随地的学习与探索。在线法律服务平台的应用,更是将法律服务与学生的实践操作紧密结合,让学生在模拟的法律环境中锻炼了自己的法律技能，增强了对法律实践的真实感和针对性。二是在线教学平台进一步打破了地域与时间的限制，让法学教育变得更加灵活多样。MOOCs和SPOCs等在线课程平台的引入，不仅为学生提供了国内外顶尖的法学课程资源，还通过直播、录播、在线讨论等多种形式，促进了师生之间、学生之间的实时互动与交流。三是信息化的发展极大地促进了法学界的信息共享与交流。学者们通过在线学术期刊、博客、论坛等平台，可以轻松分享自己的研究成果和学术见解，促进了学术界的合作与创新。而学生则可以利用这些平台获取最新的法学资讯和研究成果，拓宽自己的学术视野，为未来的职业生涯奠定坚实的基础。

三、法学专业实践教学智能化

智能化在法学专业实践教学中的发展，正以前所未有的速度推动着这一领域的深刻变革，引领着法学教育向更加高效、精准、实践的方向迈进。随着人工智能与大数据技术的飞速进步，智能化法律研究工具与软件如雨后春笋般涌现，为法学学习与研究带来了革命性的变化。这些工具不仅具备强大的数据分析能力，还能辅助学生进行案例深度剖析、法律规则精准推演及法律文书高效撰写，极大地提升了研究的实证性与系统性。智能化的法律检索系统更是成为学生学习过程中的得力助手，它们能够迅速响应学生的查询需求，精准定位相关法律条文与案例，助力学生高效完成学习任务。

法律决策支持系统的出现，更是为法学专业实践教学增添了新的活力。这一系统依托大数据与机器学习算法，能够模拟真实法律场景，为学生提供科学、精准的法律分析与建议。在法学专业实践教学领域，法律决策支持系统能够帮助学生模拟法律实践中的决策过程,培养他们的逻辑思维与问题解决能力,使他们在面对复杂法律问题时能够迅速作出科学、合理的判断。虚拟仿真实验室的兴起,更是为法学专业实践教学开辟了一片新天地。借助虚拟现实技术、增强现实技术等前沿技术,虚拟仿真法律实验室能够模拟出高度逼真的法律场景与案件处理过程,让学生在虚拟环境中进行实践操作与演练。

第七章
案例研究和实证分析

本章首先以典型高校法学专业教学为镜,剖析其实践教学体系的成功之处,为其他高校提供可借鉴的经验与启示。随后聚焦实践教学改革的效果评估,科学衡量改革举措对学生实践能力及法律素养的促进作用。接着又进行对学生能力提升的实证研究,从实证角度验证教学改革对学生综合素质提升的具体影响,为持续优化教学策略提供坚实的数据支撑。最后,基于前述分析,提出一系列有针对性的教学改革策略,旨在构建更加高效、适应时代需求的法学教育体系,为我国法治人才培养贡献力量。

第一节 典型高校法学专业教学案例分析

案例教学在法学教育中具有举足轻重的作用,本节以广西某高校法学院的民事案例教学为例,通过可视化分析,研究教学课程设置、教师的素质、教学教辅设施对案例教学在民法教学中实效的影响,检视当前案例教学在法学教育中的作用和局限,并通过评估课程体系和教学内容设计的合理程度、所学课程对掌握专业知识和技能帮助度、学生实践能力提高程度以及所学专业对以后学习和工作的帮助程度,提出在现行教学体制下,高校需要从明确案例教学目标、完善教师团队建设、加强教学内容设计与教学方法的合理性、注重现代教育技术与案例教学的结合四方面进行完善。

一、案例来源及分析方法

（一）民事案例教学课程的设置及安排

1. 课程时间安排

该课程安排在大四上学期，旨在通过这一阶段的集中学习，使学生能够将前三年的法学理论知识与即将步入社会的实践需求相结合。每周安排1次课，每次课持续3学时，总计51学时，确保教学时间的充分性和连续性。

2. 案例选取

（1）案例来源多样化。案例不仅来源于真实发生的法律实务案例，还包括最高人民法院发布的指导性案例或具有广泛影响力的典型案例，以及电视法制栏目精心挑选的具有代表性的案例。多样化的案例来源能确保教学内容的时效性和权威性。

（2）案例审级全面覆盖。为了让学生全面了解案件审理的全过程，应选取涵盖一审、二审和再审等不同审级的案件，如此能够帮助学生深入理解不同审判阶段的特点和法律规定的应用。

（3）案件形式丰富。除了传统的书面材料，还可引入视频形式的案例，通过直观的影像资料增强学生的感性认识，提升教学效果。

3. 任课教师

任课教师均为具有法学博士学位的专业教师，且拥有至少3年的授课经验和2年的兼职律师经历。这样的教师团队不仅具备深厚的法学理论功底，还拥有丰富的实践经验，能够为学生提供理论与实践相结合的全面指导。

4. 课程内容安排

（1）分组讨论。采用小组学习模式，每组5人到6人，设立小组长负责协调和组织讨论。任课教师提前一周发布案例材料，要求学生进行预习并准备讨论。

（2）各小组分角色发言。在课堂上，教师随机分配原告、被告和法院等角色给各小组，模拟法庭辩论过程。学生根据分配的角色进行发言，通过模拟辩论加深对案件事实和法律适用的理解。

（3）撰写分析报告。每次讨论结束后，学生需撰写并提交详细的案例分析报告，包括案件事实梳理、法律适用分析、争议焦点讨论以及结论和建议等内容。

5. 评价机制

（1）即时反馈。任课教师对每次小组发言和案例分析报告进行即时点评，指出优点和不足，鼓励学生积极思考和表达观点。

（2）客观评价。评价内容聚焦法律事实的准确性、法律规范的适用性以及分析过程的逻辑性，避免给出倾向性意见或结论，以培养学生独立思考和批判性思维的能力。

（3）互动交流。鼓励学生提出异议和疑问，通过师生间的互动交流进一步澄清法律问题和深化理解。

（二）分析方法

1. 问卷分析法

此次分析样本是以广西某高校法学院 2023 级法学专业已修完民事案例教学课程的学生为对象，共发放问卷 180 份，收回 180 份，其中有效问卷 122 份，占比 67.8%。在问卷的设计阶段，运用文献法，参考已有研究文献形成调查题项，因而问卷的效度具有一定保证。同时，采用李克特五点计分法，通过将不同的题项设置为 5、4、3、2、1 的分值来分别对应该选项对被调查者的影响程度。

2. 其他分析方法

（1）通过学生座谈会等方式收集反馈，评估课程体系是否科学合理，教学内容是否贴近实际需求，并根据评估结果进行调整和优化。

（2）通过考试、作业、案例分析报告等形式检验学生对专业知识和技能的掌握情况，评估教学效果是否达到预期目标。

二、案例教学在法学专业教学中的状态分析

根据上面的分析方法，笔者得到关于民事案例教学课程设置满意度和教师的综合评价，具体见表7-1。

表7-1 民事案例教学课程设置满意度和教师的综合评价

	项目	很高	高	一般	低	很低
课程设置满意度的综合评价	课程体系和教学内容设计的合理性	54.1%	38.52%	7.38%	0%	0%
	所学课程对掌握专业知识和技能的帮助度	59.84%	31.97%	7.37%	0.82%	0%
	经过专业学习，实践能力提高程度	54.1%	29.51%	14.75%	1.64%	0%
	所学专业对以后学习和工作的帮助程度	59.02%	31.96%	8.2%	0.82%	0%
教师的综合评价	学术水平	72.95%	23.77%	3.28%	0%	0%
	知识结构	70.49%	27.05%	1.64%	0.82%	0%
	敬业精神	84.43%	13.93%	0.82%	0.82%	0%
	教学方法	62.2%	33.61%	2.46%	1.64%	0%
	教学质量	70.49%	25.41%	4.1%	0%	0%

注：数据来源于陆苹和陆云的《案例教学在法学教学应用中的实证研究——以民事案例教学为例》（载《教育观察》2020年第5期）。

三、需改进之处分析

分析上面数据可知,学生对课程体系和教学内容设计合理性的满意度较其他各项低,主要表现在以下三个方面:

1. 案例内容的适宜性有待斟酌

在案例教学课程中,确保案例内容的适宜性至关重要。学生需深入阅读并分析案件材料,以锻炼实践能力。但案卷材料通常篇幅较长,要求学生投入大量时间,与有限的课堂时间形成冲突。因此,案例选择需力求"精"与"准":"精"即数量适度、内容紧凑,避免学生负担过重;"准"则指案例应具备典型性、时代性、冲突性和综合性,以充分反映法律实践的多样性和复杂性。研究显示,学生对课程体系和教学内容设计的合理性评价低于教师的综合评价,可见案例内容的适宜性仍有待提高。未来需进一步优化案例筛选标准,确保案例教学更加高效、精准地服务于学生实践能力的培养。

2. 课堂评价机制不够科学

案例教学在法学教育中的效果与学生的努力和配合程度密切相关。前文的案例分析中,课程安排在大四上学期,该阶段的学生一部分面对司法考试与考研双重压力,一部分课堂参与度下降,一部分因对相关知识点理解不到位,认为无法在课堂上完成任务,索性放弃课堂发言。研究样本中以小组为单位的一体化评价机制,易引发"搭便车"现象,挫伤个体积极性。因此,需要创新课堂评价机制,采用更为科学、细化的考核方式,如引入差异化评分等策略,以激励每位学生积极参与、贡献独特见解。不断优化评价机制,不仅能进一步提升学生的参与度,还能更准确地反映其学习成效,促进法学教育的实质性进步。

3. 教学方法不够恰当

尽管民事案例教学课程在学生中收获了较高的整体满意度，但教学方法方面的反馈却不尽如人意，说明其在教学方法上存在不足。这有几方面的原因：一是任课教师直接呈现未经深度加工的案例，这不仅削弱了案例教学的实效，还促使学生依赖网络搜索答案，导致课堂讨论流于表面，甚至出现抄袭现象，严重影响了学习风气；二是课堂发言集中在同一时空，导致不同小组间乃至小组内部存在显著的"搭便车"现象，学生的独立思考与团队协作能力未能得到充分锻炼；三是教师对学生分析结论的点评过于笼统，缺乏深入剖析与反馈，难以帮助学生构建清晰的法律逻辑体系，也难以激发学生进一步探索的兴趣。

四、完善案例教学的建议

（一）明确案例教学目标

案例教学是培养学生法律思维、法律技能和实践能力的有效途径，其首要目标在于深化学生对法律规范的理解与应用，使学生能够准确解读法律条文，并能将其灵活融入实际案例分析中。其次，案例教学应致力于提升学生的逻辑思维与批判性思考能力，通过案例分析，学生应能自主构建论点，以严密的逻辑和充分的论据反驳异见。最后，案例教学还应模拟真实法律环境，让学生扮演法官、检察官、律师等角色，亲身体验法律文书的撰写过程，掌握法律实务中的核心技能。明确并细化这些教学目标，有助于教师在授课时精准施策，通过精心设计的教学活动，引导学生逐步达成既定目标，使案例教学在法学教育中发挥更大的作用。

（二）完善教师团队建设

就此次分析结果看，有效的案例教学课程开展首先要求拥有深厚理论功底和丰富实务经验的教师队伍。当前法学教育中，教师群体多侧重科研，实务经验相对匮乏，难以全面满足案例教学需求。对此，高校应着手强化师资队伍建设，采取系统化的培训措施，使教师的教学方法和教学技能有一定的提升；并构建教师交流平台，通过定期研讨、资源共享与经验分享，促进其知识与技能的互补，形成合力。这样的机制能有效打破个体局限，实现教学智慧的汇聚与传承，进而整体提升教师队伍的实战能力和教学水平，为法学教育注入更多活力与实效，确保案例教学既具理论深度又贴近实践前沿。

（三）增强教学内容与教学方法的合理性

针对法学教育的新趋势与学生需求的演变，高校应持续优化教学内容与教学方法，确保实践教学效果。教师应灵活调整教学内容，融入最新法律动态与典型案例，增强案例教学课程的时效性和针对性。在教学方法上，教师应采用多样化的方法，激发学生主动探索而非机械记忆，培养其问题解决能力。教师应积极构建多元化课堂评价体系，遏制"搭便车"行为，确保每位学生在课堂上的进步都能得到公正评价。课堂内，教师应加强与学生的互动，即时反馈学习成效，采用个性化点评策略，让每位学生都能在案例研讨中收获真知灼见，实现法律素养与实践能力的双重飞跃。

（四）注重现代教育技术与案例教学的结合

在当今教育领域，信息技术的迅猛崛起为实践教学注入了新活力。高校应积极拥抱这一变革，深度融合现代教育技术与案例教学。对此，教师应做到：一是灵活运用多媒体手段，如视频、图像、音频及动画等，使案例教学更加直观生动，特别是在情景教学中，技术的融入能极大提升学生的沉浸感与参与度。通过技术赋能，案例不再是冰冷的文字描述，而是活灵活现的法律实践场景。二是积极整合网络资源，构建开放的学习平台，特别是接入高质量的法学数据库,为学生自主学习和课后实践提供丰富素材与便捷途径。

第二节 实践教学改革的效果评估

实践教学改革的效果评估是一个多维度、系统性的过程,旨在全面了解和评价改革措施对教学质量、学生学习效果及实践能力提升等方面的实际影响。通过科学合理的评估方法和全面的评估内容,高校可以更好地推动实践教学改革向纵深发展,提高人才培养质量。

一、实践教学改革效果评估的目的

(一)掌握改革措施的实施情况

评估的核心目的是确认改革措施是否得到有效执行。这包括检查改革方案的具体实施步骤是否按计划进行,教学资源(如实验室、实训基地、师资等)是否得到合理配置,以及实施过程中是否遇到了预期之外的挑战或障碍。通过这一过程,可以明确改革实践的"落地"情况,为后续评估提供基础数据。

(二)评估改革对学生学习效果、实践能力和综合素质的提升程度

改革的最终目标是促进学生的全面发展,包括专业知识的积累、实践技能的锤炼、法律思维的培养及综合素质的全面提升。通过实施一系列实践教学改革措施,能够让学生更好地将知识应用于实际情境中,解决复杂问题。改革还应致力于激发学生的内在潜能,培养他们的团队合作精神、职业素养以及持续学习的能力,为他们未来的职业生涯和社会生活奠定坚实的基础。

(三) 发现改革过程中存在的问题和不足，为后续的改革提供参考和依据

评估不仅是展示成果，更重要的是发现问题。在改革实施过程中，难免会遇到各种挑战和困难，如教学资源不足、师资培训滞后、学生参与度不高等。通过深入分析和总结这些问题，可以明确改革中的薄弱环节。基于对改革效果的全面评估，可以总结出成功的经验和失败的教训，为后续的实践教学改革提供宝贵的参考。这包括优化改革方案、完善教学资源配置、加强师资培训、提高学生参与度等方面的具体策略。评估结果还可以作为向学校管理层、教育主管部门等汇报改革成效的重要依据，争取更多的支持和资源投入。

二、实践教学改革效果评估的内容

(一) 学生学习效果

1. 学习成绩

通过对比改革前后学生的期末考试、期中考试等标准化测试成绩，可以量化地评估改革对学生知识掌握程度的直接影响。这有助于了解改革措施是否有助于学生更好地理解课程内容，提升学习效率。针对实践教学环节，应特别关注学生在实践课程中的表现和成绩，这能够直接反映学生在实践操作、数据处理、问题解决等方面的能力，是评估改革效果的重要指标之一。

2. 学习兴趣和动力

通过观察学生在实践教学活动中的参与程度，可以评估学生在学习过程中是否表现出主动探索问题、积极寻求解决方案的态度，包括课堂讨论、小组协作、课外实践等。高参与度往往意味着学生对教学内容感兴趣，愿意投入时间和精力去探索和学习。对此可通过问卷调查、访谈等方式，了解学生对实践教学的态度

是否发生了积极变化，如从被动接受转变为主动学习，从对实践操作的恐惧转变为热爱等。

3. 综合素质和能力

一是评估实践能力。评估学生在实践操作、技术应用、问题解决等方面的能力是否得到提升。这可以通过学生的实验报告、项目作品、技能展示等具体成果来体现。二是评估团队合作精神。实践教学往往强调团队合作，因此评估学生在团队项目中的协作能力、沟通能力、领导力等方面的表现也是重要的内容。三是评估职业素质。随着实践教学改革的深入，越来越多的学校开始注重培养学生的职业素养，如时间管理、职业道德、责任感等。这些素质的提升对于学生未来的职业发展具有重要意义。

（二）教师教学水平和教学方法

1. 教学能力

考查教师在实践教学中的指导能力及应对不同学生需求的能力是否有所提高，包括对学生实践操作中的问题进行有效解答，引导学生自主思考，以及帮助学生克服学习中的困难和挑战。评估教师在面对不同背景、能力和需求的学生时，能否灵活调整教学策略，满足学生的个性化学习需求，促进每位学生的全面发展。

2. 教学方法

评估教师是否采用多种教学方法，如案例教学法、项目驱动教学法、探究式学习等，以激发学生的学习兴趣和动力，提高教学效果。这些方法能够促进学生的主动学习、合作学习和深度学习。

（三）教学资源利用效率

1. 资源投入分析

一是评估人力投入。评估实践教学改革在师资队伍建设和教师培训方面的投入情况，包括专业教师的数量、教学团队的组建、教师的专业发展路径等，以及关注学生助理、技术支持人员等辅助人力资源的配置情况。二是评估物力投入。分析在实践教学设施、实验设备、教学场地等方面的硬件投入，如实验室的更新与扩建、教学设备的购置与维护及实践基地的建设等。三是评估财力投入。评估实践教学改革项目的经费来源、分配及使用情况，包括政府拨款、学校自筹资金、企业赞助等多方面的资金支持，以及这些资金在教学资源开发、教师激励、学生实践活动等方面的具体投入。

2. 资源利用

一是评估教学资料利用效率。评估教学资料（如教材、参考书、网络教学资源等）的获取途径、更新速度及使用效果。通过收集教师和学生对于教学资料的反馈意见，了解教学资料的实际使用情况和对学生学习的帮助程度。二是评估教学场地使用效率。分析教学场地的空间布局、使用时间安排及使用效率等因素。这包括实验室、实训基地、仿真模拟中心等场地的有效利用情况，以及场地使用的灵活性和可扩展性。

(四) 实践教学环节的设置和实施

1. 实践课程和内容

一是评估课程设置的合理性。评估实践课程的设置是否紧密围绕专业培养目标，与理论课程相辅相成，形成完整的课程体系。考查实践课程的开设顺序、学时分配及课程之间的衔接是否合理，确保学生能够循序渐进地掌握实践技能。二是评估实践教学内容的针对性与实用性。分析实践教学内容是否紧密贴合行业发展趋势和实际需求，能否有效培养学生的实践能力和法律思维。评估实践项目是否具有挑战性，能否激发学生的学习兴趣和探索欲望，以及实验内容是否注重培养学生的动手能力、分析问题和解决问题的能力。

2. 实践教学模式

一是评估实践教学是否采用了多样化的教学模式,如校企合作、产学研结合、项目驱动教学等。这些模式应为学生提供更多元化的实践机会,使他们能够在真实或模拟的工作环境中学习和成长。二是评估实践教学模式的有效性。通过收集学生、教师及企业合作方的反馈意见,评估各种实践教学模式的实际效果。考察这些模式是否有助于学生将理论知识应用于实践,提高专业技能和职业素养;是否有助于加强学校与企业的联系,促进产学研深度融合;以及是否有助于培养学生的团队合作精神和社会责任感等。

(五)改革措施的执行情况

1. 改革方案的执行情况

评估改革方案是否得到了全面、有效的实施。检查各项改革措施是否按计划启动,实施过程中是否遇到了预期之外的挑战,以及是否采取了相应的应对措施,等等。关注改革措施在不同层面(如学校、学院、系部、教师、学生等)的落实情况,确保改革精神能够深入人心,形成共识。考查各项改革措施在具体执行过程中是否细致入微,是否充分考虑了实际情况和师生需求。例如,是否制定了详细的实施方案、操作指南或培训计划,以确保改革措施能够顺利落地并产生实效。

2. 反馈与调整

一是评估是否建立了有效的反馈机制,以便及时收集师生对改革措施的反馈意见。如设立专门的反馈渠道(如意见箱、在线调查、座谈会等),以及确保反馈信息的及时汇总、分析和处理。二是根据收集到的反馈意见,评估学校或相关部门是否及时进行了反思和总结,找出改革过程中存在的问题和不足。关注学校是否根据反馈结果对改革方案进行了必要的调整和优化,以确保改革措施更加符合师生需求，更加贴近实际。三是考查是否建立了持续改进机制，以推动实践教学改革的不断深化和完善。学校应定期对改革成效进行评估和总结，及时发现问题并采取措施加以解决；并鼓励师生积极参与改革过程，提出建设性意见和建议，为改革的持续优化提供有力支持。

三、实践教学改革效果评估的方法

（一）问卷调查

进行科学合理的问卷调查是获取学生和教师反馈的有效途径。问卷应涵盖实践教学的多个方面，包括课程设置、教学方法、教学资源、实践环节等，并设置开放性问题以便收集更详细的意见和建议。通过问卷调查，可以系统地收集大量数据，为后续的数据分析提供基础。

（二）学生评价

学生作为实践教学的直接参与者，其评价对于评估改革效果具有重要意义。对此可以通过分析学生的实验报告、作业、项目成果等，评估学生的实践能力和学习效果；还可以采用学生自评、互评等方式，从多个角度了解学生的实践体验和收获。

（三）教师评价

教师是实践教学改革的实施者，他们的反思和总结对于评估改革效果同样重要。鼓励教师进行教学反思，总结实践教学改革中的成功经验和存在的问题，提出改进建议；还可以组织教师交流会或研讨会，让教师分享教学心得，促进相互学习和提高。

（四）现场观察

现场观察是评估实践教学改革效果的一种直观方法。评估人员可以深入实践教学现场，观察教师的教学过程和学生的学习情况，了解实践教学的实际运作情况。通过观察，可以发现教学过程中的亮点和不足，为后续的改进提供具体依据。

（五）数据分析

数据分析是评估实践教学改革效果的重要手段。对收集到的数据进行统计分析，可以比较改革前后的差异，得出客观的评价结果。数据分析包括定量分析和定性分析两种方式。定量分析主要关注数据的变化趋势和差异程度；定性分析则侧重对数据背后的原因和影响因素进行深入剖析。通过数据分析，可以更加科学地评估实践教学改革的成效，为未来的实践教学改革提供有力支持。

四、实践教学改革效果评估结果的应用

（一）总结经验，深化改革

评估结果的深入分析和总结是实践教学改革持续优化的关键环节。一方面，系统梳理评估数据，提炼出改革中的成功经验和亮点，这些经验可以作为未来改革的重要参考；另一方面，正视评估中揭示的问题和不足，深入分析其原因，提出有针对性的改进措施。这样的过程不仅能够促进实践教学的自我完善，还能为未来的改革提供坚实的基础和明确的方向。

（二）推广经验

评估中发现的优秀经验和成功案例是实践教学改革中的宝贵财富。学校应积极推动这些经验的交流和分享，通过组织研讨会、工作坊、现场观摩等形式，将好的做法和模式推广到其他学校和相关专业中。这不仅能够促进教育资源的优化配置，还能激发更广泛的教育创新活力，推动整个教育体系向更高水平发展。

第三节 学生能力提升的实证研究

一、研究目的与研究问题

（一）研究目的

本研究以 S 大学法学院学生为调查对象，对其实践能力的提升情况展开研究。通过对实践能力的整体现状和各维度的分析，发现目前 S 大学法学院在学生实践能力提升方面存在的一些不足，通过问卷、访谈等方式，找出问题的成因，并根据现有的问题和成因，提出有针对性的对策，进一步提升学生的实践能力，促进其全面发展。

（二）研究问题

（1）法学院学生的实践能力现状如何？
（2）影响法学院学生实践能力提升的原因有哪些？

二、问卷设计与实施

（一）问卷结构设计

本研究的《S 大学法学院学生实践能力调查问卷》由个人基本信息、教育实习情况、教学实践能力评价量表及开放题四部分组成。该问卷的第一部分是被调查对象的基本信息，包括性别、对法学专业实践教学标准的了解程度等相关问题。第二和第三部分是教育实习情况，包括实习形式、学校及反馈等。第四部分是问卷的重点，即学生实践能力评价量表，采用李克特五级计分法，由低至高，分别赋予评分"1——非常低""2——比较低""3——一般""4——比较高""5——非常高"。根据不同指标的设计，分数越高，表明被试者对该指标的符合度越高。问卷具体如下：

S大学法学院学生实践能力调查问卷

第一部分：个人基本信息

1. 您的性别：
男
女

2. 您目前所在的年级：
大一
大二
大三
大四及以上

3. 您对法学专业实践教学标准的了解程度如何？
非常了解
比较了解
一般
不太了解
完全不了解

第二部分：教育实习情况

4. 您是否参与过法学相关的实习？
是（请继续回答5至7题）
否（请直接跳至第三部分）

5. 您参与的实习形式主要是？（可多选）
法院实习
检察院实习
律师事务所实习
企业法务部门实习
法律援助中心实习

模拟法庭/法律诊所
其他，请具体说明：_____

6. 您对实习单位提供的实践机会和指导满意度如何？
非常满意
比较满意
一般
不太满意
非常不满意

7. 您认为实习过程中遇到的主要挑战或不足是什么？（开放题）

_____
_____

第三部分：教育实习情况（实习单位与教师视角）

（此部分可由实习单位指导教师或相关负责人填写，也可通过访谈形式收集信息）

8. 实习单位评价（针对实习单位负责人）

您认为S大学法学院学生在实践能力方面的表现如何？

_____
_____

学生在哪些方面的能力较为突出？

_____
_____

您认为学生在哪些方面提升最大，哪些方面需要改进？

_____
_____

9. 教师评价（针对指导学生实习的教师）

您认为学生在实习前的准备是否充分？

学生在实习过程中展现出了哪些优点和潜力？

您认为学校在实践教学方面有哪些可以改进的地方，以更好地支持学生的实习和学习？

第四部分：学生实践能力评价量表

请根据您的实际情况，对以下各项能力进行评分，1代表"非常低"，5代表"非常高"。

10. 法律知识应用能力

您将课堂所学的法律知识准确应用于实际案例分析中的能力如何？

1——非常低

2——比较低

3——一般

4——比较高

5——非常高

在解决复杂法律问题时，您迅速检索并有效运用相关法律条文和案例的能力如何？

1——非常低

2——比较低

3——一般

4——比较高

5——非常高

11. 法律文书写作能力

您撰写的法律文书（如合同、起诉状、答辩状等）的清晰度和准确性如何？

1——非常低

2——比较低

3——一般

4——比较高

5——非常高

您在法律文书中引用法律条文和案例的恰当性和规范性如何？

1——非常低

2——比较低

3——一般

4——比较高

5——非常高

12. 法律逻辑与推理能力

您在处理法律问题时，展现出的逻辑推理和论证能力如何？

1——非常低

2——比较低

3——一般

4——比较高

5——非常高

您在复杂法律情境下，准确识别关键法律问题并进行深入分析的能力如何？

1——非常低

2——比较低

3——一般

4——比较高

5——非常高

13. 法律辩论与表达能力

您在法律辩论中的口头表达能力和说服力如何？

1——非常低

2——比较低

3——一般

4——比较高

5——非常高

您在模拟法庭或辩论赛中，清晰、有条理地陈述自己的观点并反驳对方的能力如何？

1——非常低

2——比较低

3——一般

4——比较高

5——非常高

14. 法律职业道德素养

您在法律实践中，遵守法律职业道德规范的意识和行为表现如何？

1——非常低

2——比较低

3——一般

4——比较高

5——非常高

您在处理法律事务时，保持客观公正，不受外部不当影响的能力如何？

1——非常低

2——比较低

3——一般

4——比较高

5——非常高

15. 团队合作与沟通能力

您在团队项目中，与队友协作完成任务的能力如何？

1——非常低

2——比较低

3——一般

4——比较高

5——非常高

您在法律实践中，与客户、法官、律师等各方进行有效沟通的能力如何？

1——非常低

2——比较低

3——一般

4——比较高

5——非常高

第五部分：开放题

16. 学生视角：您认为在提升实践能力方面，学校目前存在哪些主要问题或不足？（请详细描述）

17. 学生视角：您有哪些具体的建议或期望，希望学校能够采取哪些措施来更好地提升学生的实践能力？

18. 实习单位/教师视角（可选，根据访谈或问卷反馈收集）：您对S大学法学院实践教学改革的建议是什么？

_____

_____

您认为应如何加强学校与实习单位之间的合作，以更好地促进学生的实践能力培养?

_____

您有哪些具体的建议或期望,希望学校能够采取哪些措施来更好地提升学生的实践能力?

_____

请注意,第五部分中的第 18 题是针对实习单位或教师的额外开放题,旨在从更宏观的层面收集有关实践教学改革的建议。这部分内容可以通过单独给实习单位或教师设计问卷,或者访谈的形式来获取。

(二) 调查样本选取

S 大学法学院在实践教学方面具有丰富的经验,且该校培养出来的毕业生在社会上具有良好的口碑,具有很高的代表性。本研究选取 S 大学法学院的学生作为此次实践能力提升调查的对象,旨在较真实地反映学生实践能力提升的状况。同时,本研究还选取了实习单位和教师的角度,以保证研究的全面性。

(三) 问卷信效度分析

本问卷第四部分各题项的克隆巴赫系数为 0.973,这说明 S 大学法学院学生实践能力研究变量的内部一致性较好,所得到的调查数据具有更高的可靠性。本研究为保证测验内容与核心概念的一致性,采用结构效度测量。经过因子分析,发现问卷显著性较好,符合球形度检验。

(四) 问卷发放与回收情况

本次学生实践能力提升调查共发放 195 份问卷,回收有效问卷 192 份,调查问卷的回收率为 98.5%。

三、访谈提纲的设计与实施

加入访谈能够使本研究更加科学、结果更加可信，同时也能对S大学法学院学生的实践能力提升有一个更全面深入的了解。本研究共进行了两次访谈，两次访谈的人数、时间、目的均不相同。访谈提纲的基本框架和实施步骤具体如下所示：

一、明确访谈目的

首先，需要清晰地界定两次访谈的具体目的。

1. 第一次访谈

目的：初步了解S大学法学院学生对当前实践教学体系的认知、满意度以及他们认为的影响其实践能力提升的主要障碍。

重点：收集基础数据，为后续深入分析提供方向。

2. 第二次访谈

目的：基于第一次访谈的反馈，深入探讨特定活动（如法律诊所、模拟法庭、实习等）对学生实践能力提升的具体作用，以及学生期望的改进建议。

重点：深入挖掘，获取更具体、深入的见解。

二、设计访谈提纲

根据访谈目的，设计结构化或半结构化的访谈提纲。提纲应包含开场白、主要问题、跟进问题、开放性问题以及结束语等部分。

1. 开场白

简短介绍访谈目的、研究背景及保密原则，营造轻松氛围。

2. 主要问题

围绕访谈目的设计核心问题，如"您认为法学院现有的实践教学如何帮助提升您的实践能力？""在实习过程中，您遇到了哪些挑战，又是如何克服的?"，等等。

3. 跟进问题

基于受访者的回答，灵活提出进一步需要探究的问题，以获取更详细的信息。

4. 开放性问题

为鼓励受访者分享个人的经历、感受和看法设计相关问题，如"请谈谈您认为最能提升法律实践能力的活动或经历是什么?"

5. 结束语

感谢受访者的参与，并简要说明后续可能的联系或反馈方式。

三、选择访谈对象

根据研究需要，选择合适的访谈对象。可以基于性别、年级、专业方向、实践经历等因素进行分层抽样，以确保样本的代表性。

四、安排访谈时间与地点

确保访谈时间与地点对受访者方便，并营造一个私密、舒适的访谈环境，以减少干扰，促进受访者开放表达。

五、实施访谈

遵循访谈提纲：但不必完全拘泥于提纲，应灵活应对受访者的回答和反应。

保持中立态度：避免引导性提问，确保访谈结果的客观性和真实性。

记录访谈内容：在征得受访者同意后，可以使用录音或记笔记的方式记录访谈内容，以便后续整理和分析。

六、整理与分析访谈数据

访谈结束后，及时整理访谈记录，通过内容分析、主题编码等方法对访谈数据进行系统整理和分析，提炼出关键信息和结论。

七、反馈与改进

根据访谈结果，结合问卷调查分析，向相关方（如法学院管理层、教师、学生等）反馈研究发现，并提出改进建议，以促进法学院实践教学体系的持续优化和学生实践能力的全面提升。

四、研究结果分析

根据以上分析，S大学法学院学生的实践能力提升效果良好，但也存在一些问题，具体研究结果分析如下：

（一）法学院学生的实践能力现状

法学院学生的实践能力现状呈现出一定的多样性和差异性。一方面，大部分学生在校期间通过参与模拟法庭、法律诊所、法律援助等实践活动，积累了较为丰富的实践经验，能够较好地运用法律知识解决实际问题。这些学生在法律文书的撰写、法律逻辑的推理、法律辩论的技巧等方面表现出较高的水平。另一方面，也有部分学生对实践能力的培养缺乏足够的重视，缺乏主动性和积极性，导致实践能力提升缓慢。部分学生在法律职业道德、法律思维等方面也有待进一步提升。

（二）影响学生实践能力提升的因素

根据通过问卷调查和访谈得到的研究结果，可以得出影响S大学法学院学生实践能力提升的因素如下：

1. 优质的教育资源

（1）师资力量。调查显示，85%的学生认为他们的法学教师具有丰富的实践经验，并能将实际案例与理论知识相结合进行教学。这种教学方式显著提高了学生的实践能力。

（2）教学设施。90%的学生表示，学校的图书馆和电子资源为他们提供了充足的学习材料，而模拟法庭的使用频率达到每月至少一次，这些资源的使用与学生实践能力提升呈正相关（$r = 0.75$）。

2. 丰富的实践机会

（1）实习经历。在参与过至少一次专业实习的学生中，95%表示实习经历显著提升了他们的法律实践能力和职业素养。

（2）模拟法庭与辩论赛。在参与模拟法庭和辩论赛的学生中，80%表示这些活动有效锻炼了他们的法律逻辑、辩论技巧和团队合作能力。

3. 积极的个人特质

（1）自主学习能力。通过对学生学习时间和学习资源的利用情况进行调查，本研究发现具有高自主学习能力的学生（如每周投入额外学习时间超过 10 小时的学生）在实践活动中表现得更为出色。

（2）团队合作精神。95%的学生认为发挥团队合作精神使其解决问题的能力得到了进一步提高。

4. 有效的反馈与指导

（1）教师反馈。80%的学生表示他们经常从教师那里获得具体的、有针对性的反馈，这些反馈对他们的学习和实践有显著的促进作用。

（2）同伴互评。对于引入同伴互评机制，75%的学生表示他们从中获得了宝贵的建议和学习机会，这有助于他们不断改进自己的实践表现。

（3）自我反思。通过问卷调查学生对自我反思习惯的评价，本研究发现经常进行自我反思的学生在实践能力和自信心方面都有显著提升。

5. 良好的学习环境与氛围

（1）学校支持。90%的学生对学校提供的实践机会、教学资源和师资力量表示满意，认为这些支持对提升他们的实践能力至关重要。

（2）学习氛围。通过对学生学习态度的调查，本研究发现积极向上的学习氛围（如班级讨论活跃、学习互助氛围浓厚）与较高的实践能力提升率呈正相关（$r=0.85$）。

下面分享一个内蒙古某法学院在2024年第一学期通过邀请校外专家作讲座及布置实践作业等活动，提升学生法学相关知识与能力的案例：

一、背景介绍

为了进一步提升学生的法学素养和实战能力，内蒙古某法学院在2024年第一学期实施了一系列创新教学活动，其中包括邀请优秀毕业生律师、公司法务经理及校外律师来校进行专题讲座，以及结合讲座内容布置实践作业。这些活动旨在通过校外专家的实战经验和专业知识，拓宽学生的视野，深化其对法学理论的理解，并提升解决实际问题的能力。

二、主要活动及成效

（一）优秀毕业生律师分享会

1. 时间

2024年3月。

2. 内容

邀请一位在法律界取得显著成就的优秀毕业生律师回校作分享。她以深入浅出的方式讲解了复杂的法律概念，通过生动的案例和通俗易懂的语言，让学生深刻理解了法律作为维护社会公正和公平工具的重要性。

3. 成效

学生不仅加深了对法律的理解，还受到了律师人格魅力和职业精神的感染，更加明确了自己未来的职业规划，坚定了追求公正和公平的信念。

(二) 公司法务经理讲座

1. 时间

2024年5月。

2. 内容

邀请校外某知名公司的法务经理来校分享法律知识及其在日常生活中的应用。讲座涵盖多方面的法律知识，并结合实际案例，让学生更加直观地了解了法律在实际中的应用和作用。

3. 成效

学生不仅增强了法律实践能力，还通过与讲师的互动，学到了许多解决问题的方法和技巧。同时，讲座也让学生深刻认识到了自己在法学知识上的不足，激发了进一步学习的动力。

(三) 建筑工程施工合同知识分享与实践作业

1. 时间

2024年6月。

2. 内容

邀请校外律师为学生分享建筑工程施工合同的相关知识，包括拟定合同的关键要素、合同条款的注意事项以及风险管理的重要性等。讲座后，教师布置了一项起草"建筑工程施工合同"的作业，要求学生将所学知识应用于实践。

3. 成效

通过此次讲座和实践作业，学生深刻理解了建筑工程施工合同拟定的复杂性和细致性，提升了专业知识，并培养了严谨认真的态度。同时，实践作业也让学生将理论知识与实际操作相结合，进一步巩固了所学知识。

三、学生能力提升

通过这一系列的活动，学生在法学相关知识与能力方面取得了显著提升。具体而言，包括：

（一）法学素养提升

学生对法律基础知识有了更深入的了解，包括法律概念、法律原则、法律制度等，学会了如何进行法律分析，如何从复杂的法律事实中找出关键点，并运用法律原则和法律规定来解决实际问题。

（二）沟通能力增强

在小组讨论和案例分析的互动中，学生学会了如何有效地与他人沟通，如何清晰地表达自己的观点，并倾听他人的意见，这对于他们未来从事法律工作至关重要。

（三）团队协作能力提高

在小组讨论和案例分析中，学生学会了如何与团队成员协作，共同解决问题，提高了团队协作能力。

（四）法律实务技能增强

通过案例分析、合同拟定等实践活动，学生学会了如何在复杂情境中运用法律知识解决问题，提升了法律实务操作的熟练度。

内蒙古某法学院在2024年第一学期组织了包括上述活动在内的一系列法律职业技能训练，以巩固学生的理论基础和提升其实践能力。广大学生在这一学期的学习过程中收获良多，学生的具体感受见附录二，学生的部分实践作业展示见附录三。

第四节　教学改革的策略研究

法学专业实践教学改革的深度探索与策略创新需要从强化实践教学与数字科技的融合、强化实践教学与科研的融合、构建情境式与体验式学习环境、推动实践教学国际化、强化职业道德与伦理教育等多个维度出发，全面提升实践教学的质量和效果，培养具有国际视野、创新精神和良好职业道德的高素质法律人才。

一、强化实践教学与数字科技的融合

实践教学改革应积极引入前沿科技工具，如人工智能、大数据、区块链等，将其无缝嵌入实践教学体系中。如将其融入法律文书的智能撰写、法律案例的深度分析及司法流程优化等实践环节中，以此提升学生的法律科技应用实操能力。学校还应开设"法律与人工智能""大数据与司法决策"等融合课程，旨在拓宽学生视野，深入理解科技如何重塑法律实践生态，培养其成为既精通法律又掌握数字技能的复合型人才。

（一）法律文书智能撰写

学校可以携手科技公司，引入前沿的智能法律文书生成工具。该工具凭借自然语言处理技术和丰富的模板资源，能够高效、精准地自动生成合同、诉讼文书、法律意见书等多种法律文书。学生在实践课程中，通过使用该工具，不仅可以掌握快速生成法律文书的方法，还能进一步加深对法律知识的理解与应用。

（二）法律案例深度分析

通过引入大数据分析技术，学校可以对历年的法学判例进行深度的发掘，为学生提供更为全面、深入的判例学习资源。大数据分析技术能够精准捕捉判例中的关键信息，揭示判例的发展脉络与裁判逻辑。这一技术的引入，能够使学生更好地理解判例背后的法律原理与司法实践，进而更准确地把握法律规则与裁判标准。大数据技术还在法律文件的智能化归类与搜索方面展现出了巨大潜力。通过构建智能化的法律数据库，大数据技术能够迅速定位并提取用户所需的法律信息，极大提升了法律研究与学习的效率。教师和学生可以便捷地获取到与案件相关的判例、法规及司法解释等，从而更高效地开展法律实践与研究。

在模拟法庭课程中，学校可以将大数据技术融入其中。学生们在角色扮演的过程中，利用电子设备记录庭审过程，并将数据上传至大数据分析平台。平台会对这些庭审数据进行深度挖掘与分析，提取出关键信息，生成详尽的分析报告。这一报告不仅涵盖案件的基本情况、争议焦点，还提供法律适用与裁判逻辑等方面的深入剖析。学生们可以依据这一分析报告，对案例进行更为细致、深入的讨论与分析。这种基于大数据技术的模拟法庭训练，不仅能增加学生的实战经验，还能提升他们的案例分析能力与法律实务技能。大数据技术通过分析真实法庭案件数据，能够为模拟法庭的构建提供实证基础，使模拟更加符合实际操作的复杂性与多变性要求。

（三）融合课程开设

以融合课程为例，学校可以开设"法律与人工智能"课程，以帮助学生深入理解人工智能技术在法律领域的应用。课程应涵盖人工智能的基本原理、法律搜索引擎、自然语言处理、智能合同等内容。通过该课程的学习，学生能够掌握如何利用人工智能技术进行法律研究、案例分析和法律文书撰写等。

下面分享一个 D 大学法学院注重学科交叉建设、开发融合课程的案例：

D 大学法学院通过组建学科交叉型科研创新团队、建立实践教学基地和实验室，以及引进和培养复合型教师等一系列创新举措，成功地将法学与其他学科进行深度融合，为融合课程的开发与实施奠定了坚实基础。

一、组建学科交叉型科研创新团队

D 大学法学院率先打破传统师资组织模式，不再局限于部门法教研室条块分割，而是统筹整合校内外的优质资源，组建了一批学科交叉型科研创新团队。这些团队不仅涵盖了法学领域的专家和教师，还吸纳了信息科学、计算机科学等多个学科领域的顶尖人才。学院还积极联合校内外相关企业和机构，共同推动法学与数字科技的交叉融合，为法学教育注入了新的活力。

二、建立实践教学基地和实验室

在实践教学环节，D大学法学院在学科融合与课程开发方面同样不遗余力。其建立了多个实践教学基地和实验室，如法律科技实验室、知识产权法律诊所等，这些平台不仅为学生提供了丰富的实践机会，还让他们在实践中深入理解了法律与科技的关系。学院还鼓励学生积极参与各种科技创新竞赛和科研立项活动，通过实践锻炼，学生的实践能力和创新能力得到了显著提升。

三、引进和培养复合型教师

为了支撑学科交叉建设和融合课程实施的顺利进行，D大学法学院非常注重师资队伍的建设和培养。其引进和培养了一批既懂法律又懂科技的复合型教师，这些教师不仅具有深厚的法学功底和丰富的实践经验，还积极参与科研活动和学术交流活动，不断提高自己的学术水平和教学能力。这支教师队伍为学院的学科融合教学提供了坚实的人才保障。

（四）法律诊所与数字科技的融合

学校鼓励学生开设法律诊所，为在校学生和社会上有需要人士提供法律咨询和法律帮助，并在此过程中引入数字科技工具。例如，利用人工智能技术提供在线法律咨询服务，利用大数据分析技术进行法律案例研究等。学生在法律诊所中不仅可以锻炼自己的法律实践能力，还可以学习如何运用数字科技工具提高法律服务效率和质量。

二、强化实践教学与科研的融合

高校应大力推行科研驱动的实践项目模式,鼓励学生参与科研项目,实现理论与实践的有机结合;同时积极探索科研成果向教学案例的转化路径,丰富教学内容,激发学生的学习热情和探索精神。这些举措将有力推动法学专业实践教学与科研的深度融合,培养更多具有创新精神和实践能力的法律人才。

(一)推行科研驱动的实践项目模式

学校通过推行科研驱动的实践项目模式,可以将实践教学与科研紧密融合在一起,为学生提供更为丰富、多元的学习体验和实践机会。这一做法不仅能提升学生的综合素质和专业能力,还能为法学专业实现教学的创新和发展提供新的思路。

1. 设立科研实践项目

学校应设立一系列与法学研究紧密相关的实践项目,特别是那些贴近社会现实、具有实际应用价值的项目。这些项目可以涵盖法律实务、法律政策分析、法律技术创新等多个领域,以让学生在实际操作中深化对法学理论的理解,并锻炼解决实际问题的能力。

2. 鼓励学生积极参与项目

学生可以通过担任研究助理、参与调研、撰写研究报告等多种方式,深入了解项目研究的流程和方法。学校还需为学生提供必要的培训和指导,确保他们能够掌握科研所需的基本技能和工具。通过参与科研项目,学生能够紧跟法学研究的前沿动态,并有机会接触到最新的研究成果,与专家学者进行面对面的交流,进而拓宽视野,提升专业素养。这种科研驱动的实践项目模式不仅有利于增强学生的科研意识和创新能力,还能为他们未来的职业发展奠定坚实的基础。

第七章　案例研究和实证分析

（二）实现理论与实践的有机结合

1. 实践中的知识转化

（1）理论知识的实践应用。学生在参与科研项目时，能够将课堂上学到的法学理论知识直接应用于实际问题的解决中，包括案例分析、法律法规的起草、法律政策的评估、法律纠纷的调解与仲裁等多个方面。通过实践，学生能够更深入地理解法学理论背后的逻辑和原理，增强对法学知识的把握和运用能力。

（2）直观感受法学知识的力量。在实践中，学生能够通过亲身经历感受法学知识在解决实际问题中的重要作用。例如，参与法律援助项目可以让学生直接帮助弱势群体维护合法权益，这种经历能够让学生深刻体会到法学知识的社会价值和人文关怀。

2. 提升解决实际问题的能力

（1）锻炼逻辑思维。科研项目通常涉及复杂的法律问题和挑战，需要学生运用逻辑思维进行分析和判断。通过参与项目，学生能够学会如何从多个角度审视问题，如何运用法律知识进行逻辑推理，以及如何在不同情境下作出合理的法律判断。

（2）增强解决问题的能力。在科研项目中，学生会遇到各种法律问题，也会面临团队协作、时间管理、资源调配等实际挑战。这些问题的解决，能够锻炼学生的应变能力、沟通能力和组织协调能力，这些能力对于他们未来从事法律工作至关重要。

（3）培养创新思维。科研项目往往鼓励学生探索新的法律领域、提出新的法律观点或解决方案。通过参与科研项目，学生能够学会如何运用创新思维来分析和解决问题，为未来的职业生涯增加更多的可能性。

（三）将科研成果融入教学实践

1. 提炼科研成果

教师应积极参与法学科研工作，将自己的科研成果进行精心提炼和总结。在提炼过程中，教师应聚焦科研成果的核心观点、创新之处及实践意义，同时筛选出具有教学价值的案例素材。这些素材应能够体现法学理论在解决实际问题中的应用，以及可能引发的法律争议和伦理考量。

2. 设计教学案例

教师应努力将提炼出的科研成果转化为教学案例。设计教学案例时，教师应注重案例的代表性、典型性和启发性，具体见表7-2。

表7-2 教学案例设计要点

案例应具有的特性	具体解释
代表性	案例应能够反映某一类法律问题的普遍特征
典型性	案例应具有鲜明的法律特征和重要的实践价值
启发性	案例应能够激发学生的思考，引导他们深入探讨法学理论的内涵和外延

设计案例时，教师可以采用叙述、描述、分析等多种方式，使案例内容生动具体、易于理解；还可以结合多媒体教学手段，如视频、音频、图片等，增强案例的吸引力和感染力。

3. 融入实践教学环节

将设计好的教学案例巧妙地融入实践教学环节，是实现科研成果向教学转化的关键步骤。实践教学环节包括案例分析、角色扮演、小组讨论、模拟法庭等多种形式，学生可以在模拟的法律环境中，运用所学的法学知识来分析案例、解决问题，进一步加深对法学理论的理解和掌握。在实践教学环节，教师应注重引导学生独立思考、自主分析，鼓励他们提出自己的见解和解决方案；并及时给予反馈和指导，帮助学生完善自己的思路和方法。

科研案例的引入可以极大地丰富教学内容，使课堂更加生动有趣。学生能够通过案例学习更加直观地理解法学知识的实际应用和效果。通过将科研成果转化为教学案例,可以促进科研与教学之间的良性互动。一方面,科研成果为教学提供了丰富的案例素材和理论支撑;另一方面,教学过程中的反馈和讨论也可以为科研工作提供新的思路和启示。这种互动有助于形成科研与教学相互促进、共同发展的良好局面。

三、构建情境式与体验式学习环境

高校应积极采用情境模拟教学法,模拟法庭、公司法务部门等真实法律场景,让学生在高度逼真的环境中亲历法律实践,增强职业感知与适应能力。学生通过扮演法官、律师、当事人等角色,能深度体验法律程序的全过程,从多维度、多层次理解法律问题,提高应变能力和综合素养。

高校在培养应用型人才的过程中,还应积极构建体验式学习环境,以增强学生的实践能力和社会责任感。为此,高校可以采取多种措施,具体见表7-3。

表7-3 高校采取的措施及具体内容

措施	具体阐述
组织参观相关法律中心	高校可以组织学生到相关法律中心参观,让他们近距离接触法律实务,了解法律工作的实际运作。通过实地观摩,学生能够更加直观地理解法律知识,并激发对法律职业的兴趣
安排旁听庭审	高校可以积极鼓励学生旁听审判过程,让他们亲身体验法庭的庄严与公正。旁听审判不仅有助于学生了解司法程序,还能培养他们的法律思维和判断力

续表

措施	具体阐述
组织参与相关公益活动	高校可以积极组织学生参与相关公益活动，如法律援助、普法宣传等，让学生在服务社会中锻炼自己的综合能力。这些活动不仅能提升学生的社会责任感，还能促进他们与社会的紧密联系

下面分享一个内蒙古某法学院为学生构建体验式学习环境的案例：

一、背景介绍

随着知识产权在社会经济发展中的重要性日益凸显，内蒙古某法学院积极响应国家号召，致力于培养具有深厚法学理论功底和丰富实践经验的复合型法律人才。为此，该学院在2024年春季学期，为大二学生精心策划了一系列与知识产权保护相关的体验式学习活动，旨在通过实地参观、庭审观摩、实践操作和宣传活动等多种方式，提升学生的专业素养和实践能力。

二、具体举措

(一) 参观知识产权保护中心

1. 时间

2024年3月第一周。

2. 活动内容

在老师们的组织下，学生前往内蒙古自治区知识产权保护中心进行参观学习。在相关人员的安排下，学生观摩了一场关于知识产权纠纷的庭审现场，直观感受了知识产权案件的审理过程和法律适用。

3. 后续活动

庭审结束后，保护中心的工作人员对整个保护中心的运作机制、知识产权保护的重要性及具体措施等内容进行了详细的讲解，进一步加深了学生对知识产权保护的认识。

(二) 撰写民事起诉状

1. 时间

2024年3月第二周。

2. 内容

为了巩固参观学习的成果，老师布置了一项特别的作业——撰写一份关于侵犯知识产权的民事起诉状。学生们在认真学习了相关知识后，积极投入该项作业，并在完成后提交给老师进行批改和指导。

3. 实践效果

通过这项作业，学生不仅巩固了课堂上学到的法律知识，还锻炼了法律文书的撰写能力，为将来从事法律工作打下了坚实的基础。

(三) 参与世界知识产权日活动

1. 时间

2024年4月第四周。

2. 内容

在第24个世界知识产权日到来之际，学院举办了以"知识产权转化运用促进高质量发展"为主题的知识产权宣传活动。活动中，老师邀请了几位检察官参与活动，带领学生们进行宣传活动。学生们在校园内发放了介绍知识产权相关法律的传单，并对感兴趣的同学进行了相关知识的讲解。

3. 活动意义

通过这次活动，学生们不仅加深了对知识产权法律的理解，还提高了自己的沟通能力、团队协作能力及理论指导实践能力，增强了自身的社会责任感和公民意识。

三、成效分析

通过本次体验式学习，学生们不仅获得了丰富的实践经验和法律知识，还提高了自己的综合素质和实践能力。参观知识产权保护中心和观摩庭审让学生们更加直观地了解了法律实务和司法程序；撰写民事起诉状则锻炼了学生们的法律思维和写作能力；参与世界知识产权日活动则让学生们更加深入地了解了知识产权的重要性和应用价值。

四、总结与展望

内蒙古某法学院在2024年春季通过构建体验式学习环境，取得了显著的成效。未来，学院将继续探索和运用更多有效的实践教学模式，为学生们提供更多元化、更贴近实际的学习机会，培养更多具备实践能力和社会责任感的高素质法律人才。

四、推动实践教学国际化

为了促进法学专业实践教学的国际化进程，国内高校应积极寻求与国际知名法学院校的合作机会，共同开展学生交换项目、短期访学等国际交流活动，邀请对方学校的教师、律师、法官等法律专业人士来校举办讲座、研讨会或进行实地指导。访学项目还可以组织学生进行实地考察，如参观法院、律师事务所、国际组织等，以加深对国际法律实践的了解。学校应为学生提供深入接触不同国家法律制度与司法实践的平台，以拓宽他们的国际视野，增强其跨文化沟通与合作的能力。学校还应注重在实践教学中融入国际化元素，特别是在部分核心实践课程中实施双语教学，提升学生的英语语言能力，使他们能够无障碍地阅读、理解和讨论国际法律文献，为未来在国际法律舞台上施展才华奠定坚实的语言基础。

下面分享一个Y大学法学院推动实践教学国际化的案例：

一、背景介绍

Y大学法学院作为国内法学教育的重要基地，一直致力于推动法学专业实践教学的国际化进程，以培养具备国际视野和跨文化交流能力的法治人才为目标。学院通过聘请海外知名学者担任客座教授、与国外知名法学院合作开展法学专业本科教育项目、与国内顶级律师事务所合作建立实习实训基地、鼓励学生参加国际比赛，以及利用现代科技手段提供国际化学习资源等一系列措施，成功推动了法学专业实践教学的国际化进程。

二、国际化实践措施

（一）聘请海外知名学者担任客座教授

学院聘请了包括欧洲侵权法研究院院长、英国布里斯托大学与英国林肯大学法学院教授、加拿大麦吉尔大学教授等在内的海外知名学者担任客座教授。这些学者不仅为学院带来了前沿的法学理论和研究成果，还通过授课、讲座、研讨会等形式，为学生提供了与国际接轨的法学教育资源。

（二）与国外知名法学院合作开展法学专业本科教育项目

学院与国外知名法学院合作，共同开展法学专业本科教育项目。这些项目不仅引进了合作学校的优质教育资源，还使得三分之一以上的课程由外方开设，进而提升了学院法学教育的国际化水平。学院每年定期招生人数，确保项目的持续性和稳定性。

（三）与国内顶级律师事务所合作建立实习实训基地

学院与以处理高端涉外法律事务见长的北京H律师事务所等国内顶级律师事务所展开全方位合作，共同审定人才培养方案、编写教材、组建师资队伍，并互相委派成员到对方处兼职。这些律师事务所不仅为涉外法治人才协同培养创新项目提供了实习实训基地，还派出了专业律师担任实习实训导师，为学生提供实质性实习、实训指导，以及就业、创业指导。

（四）鼓励学生参加国际比赛

学院鼓励学生参加杰赛普（Jessup）国际法模拟法庭比赛、国际刑事法院（ICC）模拟法庭比赛、国际人道法模拟法庭比赛、John H. Jackson 模拟法庭竞赛（WTO）、国际商事仲裁模拟仲裁庭竞赛等国际性学科竞赛，并在比赛中获取多种奖项。通过参加这些比赛，学生不仅锻炼了自己的法律实践能力，还获得了与国际同行交流的机会，提升了自身的国际竞争力。

（五）利用现代科技手段提供国际化学习资源

学院借鉴外国学校的做法，利用现代科技手段（如网上公开课程等）为学生提供国际化的学习资源。通过区际合作，学院共享了外教资源、双语课程和学生交换项目等，进一步推动了法学教育的国际化进程。

三、成果与影响

通过实施以上措施，Y 大学法学院在法学专业实践教学国际化方面取得了显著成果。学院的学生在国际比赛中屡获佳绩，不仅提升了自身的国际竞争力，还为学院赢得了良好的国际声誉。学院的法学教育国际化规模与深度得到进一步提升，为培养具备国际视野和跨文化交流能力的法治人才奠定了坚实基础。

五、强化职业道德与伦理教育

为推动法学专业实践教学改革，学校应增设职业道德与伦理教育课程，将其有机融入实践教学体系之中，并通过精心设计案例分析和全校范围的研讨活动等多元化手段，引导学生深刻理解法律职业的崇高使命与道德要求，树立正确的职业观和道德观。在实践活动中，教师应鼓励学生积极参与法律诊所、模拟法庭等教学活动，通过亲身经历和感受，培养敏锐的道德洞察力和坚定的道德立场，以及强烈的社会责任感，确保他们在未来的职业生涯中能够始终坚守法律底线，维护社会公正与正义。

（一）增设特色课程

学校可以邀请具有丰富实践经验和深厚伦理素养的资深法官、律师和伦理学者担任主讲教师，共同开设《法律职业道德与伦理》《法律职业伦理案例分析》等特色课程，并作为实践教学的重要组成部分。在课程中，教师将系统阐述法律职业的基本道德规范、职业责任与操守，还将通过国内外典型的法律职业伦理案例，如"律师泄露客户秘密案""法官收受贿赂案"等，引导学生进行深入的剖析与讨论。

在特色课程教学过程中，教师可以采用角色扮演、小组讨论、案例分析等多样化的教学手段，激发学生的学习兴趣和主动性。不同的教学方式可以让学生以不同的视角体验法律职业中的伦理困境与决策过程，培养其法律思维和道德判断力。

（二）开展全校范围的职业道德与伦理讨论

学院可以定期组织全校范围的职业道德和伦理研讨，邀请法律界知名人士、学者和学生共同参与，打造一个多方参与的交流互动平台。研讨主题应紧密围绕当前社会所关注的法律伦理热点问题，如"人工智能与法律伦理的交融与冲突""大数据时代下的隐私保护挑战与应对"等。深入剖析这些前沿议题，不仅能够激发学生的思考热情，还能够引导他们从多个角度审视和理解法律伦理的复杂性。

在研讨过程中，教师应鼓励学生积极参与其中，分享自己的观点和见解。而校外专家和学者的参与，将为学生提供宝贵的行业经验和专业指导，帮助他们更好地将理论知识与实践相结合。更重要的是，通过参与研讨，学生能够深刻认识到法律职业所承载的社会责任和道德使命。他们将学会如何在面对复杂多变的法律问题时，坚守法律底线，维护社会公正，成长为具有高尚职业道德和强烈社会责任感的法律人才。

(三) 组织实践活动

在法学专业的教学体系中，强化实践教学中的职业道德与伦理教育至关重要。学院应着重组织一系列实践活动，让学生在实际操作中深化对法律的理解，并在此过程中锤炼职业道德。法律诊所和法律援助是两个极具实践价值的平台。在法律诊所中，学生可以接触到各种真实的法律案例，通过为当事人提供咨询服务，他们不仅能将课堂上学到的理论知识付诸实践，还能在实践中体会法律职业的责任与担当。法律援助活动则让学生有机会为弱势群体提供法律帮助，这种经历不仅能增强学生的社会责任感，还能让他们在面对复杂法律问题时，学会如何在维护当事人权益的同时，坚守法律底线和职业道德。模拟法庭活动也是提升学生职业道德素养的有效途径。通过模拟真实的庭审过程，学生不仅能熟悉法律程序，还能在角色扮演中体验到法律职业的严肃性和公正性。在模拟法庭中，教师应引导学生正确处理法律与道德之间的冲突，教导他们在面对利益诱惑或压力时，如何坚守法律原则，维护法律的尊严和公正。

经过系统的职业道德与伦理教育，学生的法律职业道德素养将会得到显著提升。他们能更加深刻地认识到法律职业的崇高使命和道德要求，并树立正确的职业观和道德观。实践是检验真理的唯一标准。法学专业实践教学应加强实践环节的设计和实施，让学生在实践中增强对职业道德与伦理的重要性的认识，培养其解决实际问题的能力。通过实践活动，学生不仅能提高法律实务操作能力，还能学会如何在复杂多变的法律环境中，坚守职业道德和伦理原则进行决策和判断，从而更加自信地迎接未来的职业生涯。

下面分享一个 H 大学法学院为强化法学专业研究生的职业道德和伦理教育开设《法学职业伦理》课程的案例：

一、背景介绍

随着法治社会的不断发展和完善，法学专业学生不仅需要具备扎实的法学理论知识，还需要树立良好的职业道德和伦理观念，以适应现代社会对法律人才的需求。为了进一步强化法学专业学生的职业道德和伦理教育，增强其社会责任感与使命感，H 大学法学院积极开展教学改革，开设《法学职业伦理》课程，通过构建"双师型"教学团队和多元化的教学实践环节，为培养高素质的法律人才奠定坚实的基础。

二、"双师型"教学团队建设

为了确保《法学职业伦理》课程的高质量和实效性，H 大学法学院精心组建了"双师型"教学团队。团队成员包括校内专任教师和校外实务专家。校内专任教师的专业涵盖法学理论、国际法和部门法（实体法和程序法）等范围，他们长期深耕教学领域，拥有丰富的教育经验和深厚的法学理论功底。校外实务专家则来自法律实务界，学院通过定期分主题遴选，形成分级分类的立体组合，不断拓展其参与的广度与深度。团队成员密切合作，共同推动课程的不断完善和发展。

三、课程实施

（一）座谈与调研

这一课程以"律师如何履行社会主义法治工作者职责使命"为主题，与 D 律师事务所的律师定期进行座谈。学生们在了解律师事务所运行和律师成长的过程中，深刻领悟了律师队伍思想政治建设的重要性，以及律师的社会责任与使命担当。

（二）走进公共法律服务中心

教师带领学生走进公共法律服务中心，近距离接触法律援助需求及具体事项，引导学生在公益法律服务典型案例中，积极关注弱势群体的权益保障，感受榜样的力量，进一步增强社会责任感和法律职业伦理意识。

（三）旁听案件审理

在《法学职业伦理》课程中，学院安排学生实地旁听案件审理，由资深法官结合审判事项系统讲授法官的职业伦理。学生在旁听过程中，不仅学习了审判流程，还深刻体会到了职业伦理在法律实践中的重要性。教师们要从不同角度强调职业伦理对于法律人成长的意义，帮助学生构建全面的知识体系。

（四）邀请法律职业人现身说法

在课程实施过程中，学院邀请了多位优秀校友作为法律职业人，针对学生的前期调研进行现身说法。他们分享自己的职业道德坚守和成功案例，让学生更加真切地感受到了身边人的力量，进一步激发了学习热情和职业追求。

（五）坚持"引进来，走出去"的实践模式

这一课程坚持"引进来，走出去"的实践模式培养。一方面，邀请具有丰富实务经验和精湛职业技能的法律专家进入课堂，用生动鲜活的事例讲述法律职业中的不平凡故事；另一方面，带领学生走出校园，让他们通过观察、体验、交流、调研等多种方式对法律职业展开全方位认知，增强实践能力和职业素养。

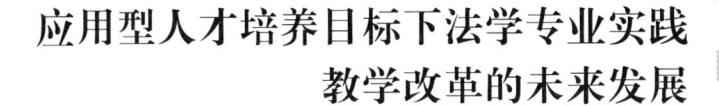

第八章
应用型人才培养目标下法学专业实践教学改革的未来发展

本章将深入探讨法学专业复合应用型人才培养的新路径，旨在通过优化教学方法、强化实践教学环节，探索如何培养既精通法学理论，又具备解决实际问题能力的复合型人才。首先解析复合应用型人才培养的多元策略，随后聚焦提升法院旁听质量，展示直观生动的司法实践如何促进教学效果的飞跃。进而，探索法学教育如何走上创新之路，明确将现代科技手段与教育理念相融合，激发学生的创造力与批判性思维。最后，本章将重点介绍法学诊所教育的实施策略，通过模拟真实法律场景，让学生在实践中学习，在学习中成长，为法学教育的未来发展描绘出一幅充满希望的蓝图。

第一节 法学专业复合应用型人才培养方法

法学专业复合应用型人才培养需要从多个维度进行探索和创新。通过融合信息技术、强化法律思维与批判性思维能力培养、注重终身学习理念与自我提升能力等措施的实施，可以为复合应用型人才培养注入新的活力和动力，培养出更多符合社会需求的复合应用型人才。

一、融合信息技术，推动教学模式创新

（一）数字化教学资源建设

信息技术的飞速发展为法学教育提供了丰富的数字化教学资源，如高质量的在线课程、仿真的虚拟实验室及庞大的法律数据库等。信息技术打破了传统教学的时空限制，让学生能随时随地获取学习材料，极大地丰富了教学内容，使学习更加生动有趣。

（二）翻转课堂与混合式教学

为了进一步提升教学效果，学校应积极运用翻转课堂和混合式教学模式。在这种模式下，教师能够引导学生在课前通过在线课程等平台进行自主学习，掌握基础知识。在课堂上，教师则更多地扮演引导者和促进者的角色，与学生一起探讨问题、进行实践操作。这种教学模式不仅激发了学生的学习兴趣，提高了他们的自主学习能力，还使得教师能够根据学生的实际情况进行更加个性化的指导，进一步提升教学质量。

二、强化法律思维与批判性思维能力培养

（一）案例教学法深化应用

在法学专业复合应用型人才培养中，案例教学法是一种非常重要的教学方法。但要培养复合应用型人才，仅仅停留在案例的表面分析是不够的。教师需要引导学生深入挖掘案例背后的法律逻辑、价值取向和社会影响，培养他们的法律思维和批判性思维能力。

（二）开设法律逻辑与批判性思维课程

为了更系统地培养学生的法律思维与批判性思维能力，法学院校可以开设专门的法律逻辑与批判性思维课程。这些课程将为学生提供系统的思维训练，帮助他们掌握分析问题、解决问题的

方法和技巧。

三、培养终身学习理念

在法学专业复合应用型人才培养的框架下,培养终身学习理念是至关重要的一环。在法学领域,法律法规、司法解释及判例一直在不断更新和发展,这就要求法学专业学生必须具备持续学习和适应变化的能力以满足社会需求。培养终身学习理念不仅是对学生个人发展的要求,也是适应法治社会建设、满足法律职业需求的必要条件。通过培养终身学习理念,法学专业学生将更好地适应快速变化的法律环境,不断提升自我,成长为具备扎实法学基础、宽广知识视野、良好学习能力和创新能力的复合应用型人才。

(一)课堂引导

在法学专业教学中,教师应充分利用课堂这一主阵地,积极引导学生树立终身学习的理念。通过生动的案例分析,教师可以让学生直观感受到法律知识更新之快,以及持续学习对于适应法律环境变化的重要性。教师可以分享法律界前辈的成功学习经历和方法,特别是那些学生感兴趣的法律及其他领域的名人,他们的学习动力和坚持精神能够激励学生,为学生树立可效仿的榜样。持续的课堂引导能够加深学生对终身学习理念的理解,激发他们的学习热情,为未来的职业生涯奠定坚实的基础。通过教师的悉心引导,学生将逐渐认识到,终身学习不仅是个人成长的需要,更是法律职业发展的必然要求。

(二)自主学习能力培养

在日常的学习与活动中,教师应教授学生如何进行有效的自主学习,包括高效地筛选与整合信息、掌握问题解决策略等,使他们能够独立地探索新知识,并将其应用于解决实际问题中,提高应对复杂法律问题的能力。教师应鼓励学生充分利用图书馆、网络资源等自主学习平台，拓宽知识视野，深入了解法律领域的最新动态和发展趋势。通过自主学习，学生能够更加主动地掌握学习节奏，提升自我学习的能力，为终身学习打下坚实的基础。

（三）职业规划与引导

在法学教育中，将终身学习理念融入职业规划至关重要。教师应引导学生认识到，持续学习不仅是个人成长的基石，更是职业发展的助推器。通过介绍行业发展趋势、职业路径规划等内容，教师可以帮助学生明确未来的学习方向和目标，进一步激发他们的学习动力。职业规划教育应结合学生的兴趣和特长，为他们提供个性化的学习建议和发展路径。这样的指导能够让学生更加清晰地认识到自己的职业定位和发展方向，进而更加主动地投入学习中，不断提升自己的专业素养和综合能力，为未来的职业生涯奠定坚实的基础。

第二节　提高法院旁听质量，改善法学教学效果

在法学教育中，法院旁听是一种重要的实践教学方式。它使学生能够直观地了解司法程序，感受法庭氛围，从而加深对法律知识的理解和应用。提高法院旁听质量并改善法学教学效果需要从多个方面入手。通过精心选择旁听案件、加强与法院的合作与沟通、做好旁听前的准备工作、注重旁听后的总结与反思以及建立科学合理的评价体系等措施的实施，可以有效地提高法院旁听的质量并改善法学教学效果。

一、精心选择旁听案件

精心选择旁听案件是改善法学教学效果的重要环节。为了确

保学生能够获得全面且深入的法律实践经验，应当注重旁听案件类型的多样性与案件本身的复杂性和争议性。旁听案件应广泛覆盖刑事、民事、行政等多个法律领域，这样的安排能够让学生亲身体验到不同法律领域审判程序的差异与共性，以及司法实践的多样性和灵活性。通过旁听不同类型的案件，学生可以更加全面地理解法律条文在不同情境下的具体应用，增强他们的法律素养和适应能力。在法院旁听实践教学过程中，教师应当选取那些复杂且具有争议性的案件。这类案件往往涉及多个法律问题的交织和冲突，需要法官、律师等法律从业者进行深入的分析和判断。学生在旁听这类案件时，可以近距离观察法律专业人士如何运用法律知识和逻辑思维来解决实际问题，激发他们的学习兴趣和思考能力。案件的复杂性和争议性也为学生提供了更多的探讨和交流空间，有助于他们在实践中深化对法律知识的理解和运用。

二、加强与法院的合作与沟通

为了深化法学教育与司法实践的融合，法学院校应与当地法院建立稳定的合作关系，共同制定法院旁听计划，确保学生能够有序、规范地参与旁听活动。通过合作关系的建立，法学院校可以及时了解法院的案件审理情况，为学生选择适合的旁听案件。在旁听前，法学院校应与法院进行充分的沟通与协调，了解案件的审理进度、庭审安排等信息，以便为学生做好旁听前的准备工作。法院也应积极回应法学院校的需求，提供庭审相关的辅助材料，甚至邀请法官在旁听后进行专业解读，以加深学生对法律实践的理解与感悟。这种双向的支持与协作，促进了法学教育与司法实践的深度融合。

下面分享一则 C 大学法学院与当地法院合作，组织学生"沉浸式"旁听庭审的案例：

一、背景

为提高法院旁听质量，改善法学教学效果，C 大学法学院与当地法院建立了稳定的合作关系。双方共同制定了法院旁听计划，旨在通过旁听真实的庭审活动，增强学生的法律实践能力，提升他们对法律条文和司法程序的理解。这一计划不仅使学生能够有序、规范地参与旁听，还确保了旁听活动的针对性和实效性。

二、学校做法

（一）建立合作关系

C 大学法学院与当地法院签订合作协议，明确双方在旁听计划中的责任和义务，确保合作的顺利进行。

（二）选择旁听案件

C 大学法学院根据当地法院的案件审理情况，与学生兴趣和学习需求相结合，精心挑选合适的旁听案件。在本案例中，该法学院选择了一起具有典型意义的委托合同纠纷案件。

（三）沟通与协调

在旁听前，C 大学法学院与当地法院进行充分的沟通与协调，了解案件的审理进度、庭审安排等信息，为学生做好了旁听前的准备工作。法院也积极回应法学院的需求，提供了与庭审相关的辅助材料。

（四）组织学生参与

C 大学法学院组织其模拟法庭协会的 30 余名学生统一前往当地法院参与旁听活动。

三、具体旁听实例

2024 年 4 月，C 市法院公开审理了一起委托合同纠纷案件。C 大学法学院模拟法庭协会的 30 余名学生走进了庄严的法庭，开始了他们的"沉浸式"旁听之旅。

庭审过程中，学生们全神贯注地观察着法官、律师和当事人的表现，仔细聆听双方的陈述和辩论。他们不仅关注着案件的审理进展，还用心记录着庭审中的细节和亮点。

庭审结束后，法官以本次庭审为切入点，结合本案实际情况，从程序法和实体法两方面对同学们进行了深入细致的讲解。她带领同学们梳理了民事诉讼中庭审程序的基本流程，从起诉、受理、审理前的准备到开庭审理、宣判等各个环节都进行了详细的介绍。她还从实体法角度分析了涉及委托合同的相关法律规定，使同学们对法律条文有了更加直观和深刻的理解，让庭审现场变成了学法课堂。

通过这次旁听活动，C大学法学院模拟法庭协会的学生们不仅学到了法律实践知识，还深刻体会到了司法程序的严谨性和公正性。他们纷纷表示，这样的学习方式让他们更加直观地感受到了法律的力量和魅力，也为自己未来的法律职业道路奠定了坚实的基础。

三、做好旁听前的准备工作

旁听前的预习和了解庭审程序是确保学生能够有效参与旁听、深入理解司法实践的重要步骤。通过充分的准备工作，学生可以更加自信地走进法庭，以更加专业的态度去观察和思考庭审中的法律问题。

（一）预习相关知识

在旁听前，学生应当主动预习与即将旁听的案件紧密相关的法律知识和背景信息，包括案件的基本事实、涉案各方的法律关系、可能涉及的法律条文、司法解释及先前类似案例的判决结果等。通过预习，学生可以构建起对案件的基本认知框架，在旁听过程中更加敏锐地捕捉庭审中的关键信息和法律适用问题。

(二) 了解庭审程序和规则

学生应提前了解庭审程序和规则，包括法庭的布局、参与庭审的各方人员及其职责、庭审的基本流程以及旁听人员应遵守的纪律等。通过熟悉这些程序和规则，学生可以更好地适应庭审环境，避免在旁听过程中因不了解规则而产生不必要的干扰或误解。了解庭审程序还有助于学生更加准确地把握庭审的进展和节奏，更加深入地理解法律实践中的各个环节和程序要求。

四、注重旁听后的总结与反思

旁听结束后，学生应撰写旁听报告，对庭审过程进行详细的记录和总结。旁听报告应包括案件基本情况、庭审程序、法律适用问题、争议焦点等方面的内容，并附有个人的思考和见解。通过撰写旁听报告，学生可以加深对庭审内容的理解和记忆，同时也能够锻炼自己的写作能力和分析能力。学校还应组织学生进行旁听后的讨论与交流活动，让学生分享自己的旁听体验和感受，并就庭审中的法律问题进行深入探讨。通过讨论与交流，学生可以相互学习、相互启发，加深对法律知识的理解和应用。

五、建立科学合理的评价体系

为了提高法院旁听的质量并改善法学教学效果，构建一套科学且合理的评价体系势在必行。此体系应全面覆盖学生的旁听态度、现场表现及旁听报告的质量等多个维度，确保评价的全面性和客观性。通过将评价结果纳入学生的学业评价体系，不仅能够激励学生更加主动地参与旁听活动，还能有效提升他们的法律实践能力与报告撰写技能。这样的评价体系，不仅是对学生学习成果的有效检验，更是推动法学教育与司法实践深度融合的重要驱动力，能为培养具备扎实理论基础与实践能力的法律人才奠定坚实基础。

第三节 走创新型法学专业教育之路

走创新型法学专业教育之路是适应时代需求、培养高素质法律人才的重要途径。通过更新教学内容、创新教学方法、改革教育模式以及加强国际交流与合作等,能为法学教育注入新的活力和动力,推动法学教育事业的持续发展和繁荣。

一、更新教学内容,紧跟时代步伐

法学教育必须与时俱进,持续更新教学内容,紧跟时代的发展步伐。一是高校需密切关注国内外法学研究领域的最新动态与成果,确保将最前沿的法律理论融入课堂教学之中,以让学生能够紧跟科技发展的步伐,深入理解数据保护法、人工智能法律、网络安全法等新型法律领域。法学教育的课程体系需灵活调整,增设与这些新兴领域紧密相关的课程,以满足学生多元化、前瞻性的学习需求。二是在教学内容的革新上,法学院校应秉持"以学生为中心"的教育理念,在教学内容选择与呈现方式上充分考虑学生的实际需求与兴趣,鼓励学生主动探索、积极思考。通过案例教学、模拟法庭、法律诊所等多种教学模式,激发学生的学习兴趣与潜能,培养他们解决实际法律问题的能力。加强师生之间的互动与交流,鼓励学生提出疑问、分享见解,共同营造一个开放、包容、富有探索精神的学习环境。

二、创新教学方法,提升教学效果

(一)信息化教学手段的应用

信息化教学手段的应用是创新型法学教育的重要体现。教师应充分利用互联网、大数据、人工智能等现代信息技术,构建智能化的在线学习平台与虚拟法律实践环境,为学生提供丰富的法学资源库和个性化的学习路径,并通过智能推荐、在线互动等功能应用,实现教学资源的优化配置和学习体验的持续优化。教师可利用数据分析技术,精准把握学生的学习状况与需求,实施更有针对性的教学辅导,从而大幅提升教学效果与学生的学习满意度。

(二) 推行问题导向深度学习模式

问题导向教学模式鼓励学生跳出传统被动接受知识的框架,成为主动探索、积极建构知识的学习主体。在法学教育中,教师可以通过精心设计具有现实意义的法律问题或案例,引导学生围绕问题展开深入思考、广泛讨论和协作研究。学生在这一过程中不仅提高了运用所学知识进行逻辑推理与判断的能力,也提升了法律思维和团队协作能力。多元化的实践教学手段的运用,能让学生在模拟或真实的法律环境中锻炼自己的实践能力,为将来步入社会、从事法律职业打下坚实基础。

三、改革教育模式,推动产学研用深度融合

法学教育不应仅仅局限于校园之内,而应积极融入社会、服务实践。法学院校应致力于推动与科研机构、企业、司法机构等的深度融合,构建产学研用一体化的教育生态系统。具体可通过与企业合作开展法律实务项目、与司法机构共建实训基地、与科研机构联合攻关法律难题等方式,为学生提供丰富的实践机会和广阔的成长空间。这种深度融合有助于学生将所学知识应用于实际问题的解决中,在实践中培养法律精神和实践能力。

第八章 应用型人才培养目标下法学专业实践教学改革的未来发展

第四节 实施法学诊所教育

法律诊所是一种类似医学专业培养实习生的教学模式,能对法律知识的应用起到良好的促进作用。[1]它是实践教学的重要手段和方式,也是课堂教学的重要补充和延伸。[2]法律诊所作为法学教育中的一项重要的实践教学内容,其独特之处在于它为学生搭建了从理论到实践、从课堂到社会的桥梁。法律诊所通常以真实案件为对象和"教材",由课堂教学和案件代理两部分组成,可以说既属于课堂内实践教学,又属于课堂外实践教学。

第一,课堂上。教师通过提问、讨论、模拟、反馈等互动方式,引导学生积极参与课堂讨论,自主探索和发现案件中的事实和法律问题。这种教学方式不仅激发了学生的学习兴趣和主动性,还培养了他们的批判性思维和问题解决能力。在互动交流中,学生逐渐形成了自己的法律观点和判断,为未来的职业生涯打下了坚实的基础。

第二,课堂外。在法律诊所中,学生不再仅是知识的接受者,更是法律服务的提供者。他们需要在教师的指导下,独立或协作地为当事人提供专业的法律咨询和解决方案。在教师的指导下,学生为弱势群体提供实实在在的法律帮助,自主完成案件的代理任务。这一过程中,学生需要综合运用所学的法律知识和技能,与当事人沟通、收集证据、撰写法律文书、参与调解或诉讼等。这种实战演练不仅让学生感受到了法律职业的压力和挑战,也让他们更加珍惜每一次实践机会,努力提升自己的法律素养和实务

---

[1] 朱丽:《大学生法治教育研究》,电子科技大学出版社2016年版,第76页。
[2] 黄瑞宇主编:《2019年中国政法大学学生工作理论研讨会论文集:新时代增强高校思想政治工作实效性研究》,中国政法大学出版社2019年版,第412页。

能力，不仅有助于巩固和深化学生的理论知识，更能够培养他们的法律思维能力和问题解决能力。

  通过为弱势群体提供法律援助，学生还能够培养自己的社会责任感和人文关怀精神，成长为具有高尚职业道德和人文关怀精神的法律人才。在提供法律服务的过程中，学生需要时刻关注当事人的权益和需求，以高度的责任感和敬业精神为当事人提供优质的法律服务。这种对社会责任和职业道德的强调，有助于塑造学生正确的法律职业观和价值观，为他们未来的职业生涯奠定坚实的基础。在处理案件时，学生需要关注当事人的情感和心理需求，以饱含同理心和人文关怀的态度为当事人提供支持和帮助。这种人文关怀精神的培养，不仅有助于提升法律服务的质量，更能够增强学生对法律职业的认同感和归属感。

附录一
于同学的实习收获与感悟

大家好！我是内蒙古某法学院的学生于某某，很荣幸能向大家分享我在律所实习的心得体会和收获。这次实习对我而言是一段宝贵的经历。刚开始实习时，我心中充满了憧憬和期待，同时也有些担心和紧张。然而，通过两个月的实习，我发现实践比任何理论都更具有启发性和冲击力。在实习单位，我得到了律师们的指导和关心，从而能够逐渐适应工作环境和业务要求。

首先，我要感谢实习单位给予我一个接触面广的实习岗位，不仅让我在课堂上学到的理论知识得到了实践的验证，更锻炼了我的实际应用能力。在实习期间，我参与了各类案件和法律事务的处理，通过亲身实践，我更深刻地认识到法律在社会中的作用以及如何为客户提供优质的法律服务。在律所，我主要参与了数据统计、文件审查以及法律文书撰写等工作。通过实际操作，我深刻认识到律师在为当事人争取权益的过程中的重要性。通过律所的工作，我学会了如何高效地搜索相关法律法规和判例，以及合理分析和解决复杂的法律问题。这让我积累了宝贵的实务经验，并培养了我的法律思维和专业素养。

在实习期间，我也意识到了自我成长和发展的重要性。通过与经验丰富的律师们的交流和学习，我深刻认识到要成为一名出色的法律从业者，仅具备专业知识是远远不够的。于是我开始注重拓宽自己的视野，积极参与一些与法律相关的活动和研讨会，以不断更新和提升自己的专业知识。在这个过程中，我发现了更多的法律领域和专业方向，从而进一步拓宽了我的职业发展路径。除了专业知识，实习还让我深入了解了法律职业的责任和道德要求。作为一名律师，不仅要为客户争取最大的利益，还要秉持公正、诚实和合法等价值观。在实习期间，我曾面临一些道德困境，例如如何处理潜在的利益冲突以及如何平衡法律与道德。通过与律师们的讨论，我逐渐明确了自己的立场和价值观，并在实践中努力作出正确的决策。此外，实习也让我意识到了法律行业的快速变化和信息化的趋势。我积极利用各种科技工具和在线资源，提高自己的信息获取和研究能力。我相信在未来的法律实践中，数字化和智能化将成为重要的发展方向，因此我也期待不断学习和适应这些变化。

在律所实习期间，我参与了各种实际案件研究和法律文件撰写工作。我还负责整理和维护律所的法律文件、参与客户会议和旁听庭审等。通过这些实习内容，我深入了解了律所的运作方式，并且学习到了许多实用的法律知识和技巧。作为律所实习生，我深刻认识到法律实务的繁重和复杂性。在实习过程中，我参与了很多工作，包括法律文件的起草、案件调研、法律意见的撰写等。这些任务都要求我具备良好的研究和分析能力，以及熟练的法律知识。同时我也学会了如何有效地查找和筛选相关法律资料，并将其运用到实践中。通过与律师们的讨论和指导，我逐渐掌握了一些解决法律问题的思路和方法。

在实习期间，我尽力准时完成了分配给我的任务，并保证了良好的工作质量。我认真对待每一个案件，深入研究和分析，确保提供准确、全面的法律建议。我也积极主动地参与和学习，向合作律师请教问题，争取获得更多的指导和反馈。

我虽然在实习期间取得了一些进展，但也发现了一些需要改进的地方。首先,我发现我在法律文书撰写方面仍有欠缺,需要进一步提升书面表达能力;其次,我还需要加强自己的时间管理能力,以便更好地应对工作中的紧急情况。

为了解决这些问题,我计划积极参加相关的培训课程,提高自己的法律文书写作能力,掌握时间管理技巧。我还要请教合作律师,争取更多的指导和反馈,以便在未来的工作中不断提高自己的能力。

总的来说,这段律所实习经历对我来说是一次宝贵的学习机会。通过实践和学习,我更加确定了自己对法律事务的兴趣和热爱,并且下定决心成为一名合格的律师。我将继续努力,不断学习和成长,为自己的职业发展打下更坚实的基础。

另外,这段实习经历也让我认识到了专业知识的广度和深度。在律所工作期间,我与律师们一起探讨了各种法律问题,涉及的领域非常广泛。通过对各类案件的研究和解决方案的设计,我深刻体会到法律实践的复杂性和多样性。在这个过程中,我学会了如何熟练运用法律条文、相关案例和先例,以及如何通过分析和研究找到最佳解决方案。在与律师和同事的合作中,我体会到了合作的力量。虽然实习期间有时会遇到难题,但是通过与同事们的讨论和合作,我发现很多问题并不是一个人就能解决的。团队合作让我学会了倾听不同声音、沟通和协调,这些都是在法律实践中不可或缺的能力。

在实习的初期,我承认自己曾感到一定的压力和困惑。法律实践是一个复杂而庞大的领域,一开始我觉得自己对许多事情都摸不着头脑。然而,随着时间的推移,通过不断地学习和实践,我渐渐适应了工作环境,也逐渐充实起来。随着心态的转变,我开始更加自信地面对工作中的各项挑战,并不断提升自己。

在实习期间,律所举办过多次的学习会,其中最让我受益匪浅的是主任曾经向我们强调了一种重要的思维方式，那就是逆向思维。他鼓励我们面对困难的问题时要敢于迎难而上，并尝试采用不同的方法去解决。实践证明，有些问题可能无法用传统的方式解决，这时就需要我们变换思路，找到新的解决方案。

在实习中，我亲身体会到了逆向思维的魅力。有一次我在面临一个棘手的法律问题时，经过传统方法的尝试，仍然无法获得满意的答案。于是我便转变思路，开始反向思考，最终，我通过提出一个意料之外的解决方案，成功解决了这个看似无解的问题。

通过这次经历，我深刻体会到逆向思维对于解决复杂问题的重要性。在以后的学习和工作中，我将继续运用逆向思维的方法，勇敢地面对挑战，追求创新和突破，以寻求更加全面和有效的解决方案。我相信逆向思维将成为我未来求职和职业生涯中的宝贵资产。

此外，我也想在发言中分享一下我在实习中接触到的具体业务。我积极参与了诉讼案件的准备工作，包括数据的统计、证据整理和文书的撰写等。我还参与了一些法律文件的起草工作，例如合同、意见书等。这些实践让我更加深入地了解了诉讼和非诉讼业务的流程和要求，提升了我在这些方面的专业知识和技能。

最后，我要感谢导师和实习单位给予我的指导和机会，通过这次实习，我不仅在实践中学到了许多知识和技能，更重要的是，我体会到了作为一名律师所承担的责任和使命。我深刻认识到，作为法律从业者，我们需要不断学习、不断提升自己，不仅要为客户提供优质的法律服务，还要为社会的和谐与公正贡献自己的力量。在今后的学习和工作中，我将继续努力，不断学习和提升自己，为法律事业贡献自己的力量。

谢谢大家！

附录二
董同学的学习感悟

接受法律职业技能训练的感受是深刻且多层面的。在这个过程中,我不仅对法律有了更深入的理解,还提升了自己的实践能力,感受到了法律职业的魅力和挑战。

一、法律职业技能训练让我对法律有了更全面的认识

在学习的过程中,我接触到了大量的法律条文、案例和理论,通过分析和讨论,我逐渐理解了法律背后的逻辑和原则。同时,我也认识到了法律在社会生活中的重要性和作用,它不仅是维护社会秩序和公平正义的工具,也是保障个人权益和利益的重要手段。

二、通过实践训练,我提升了自己的法律职业技能

在模拟法庭、法律文书写作等环节中,我学会了如何运用法律知识解决实际问题,如何进行有效的法律分析和论证。这些技能不仅对我未来的职业生涯至关重要,对我个人的思维能力和表达能力也有着积极的促进作用。

三、法律职业技能训练还让我感受到了法律职业的魅力和挑战

在模拟法庭中,我扮演了律师、法官等不同的角色,体验到了法律职业的不同面向和职责。我感受到了作为律师在法庭上激

烈辩论的紧张与刺激，也感受到了作为法官在裁决案件时的责任和压力。这些经历让我更加坚定了从事法律职业的决心和信心。

四、我认为法律职业技能训练对于法律专业的学生来说是非常必要的

法律职业技能训练不仅能够提升我们的专业素养和实践能力，还能够让我们更好地了解法律职业的特点和要求，为未来的职业生涯做好充分的准备。

总之，接受法律职业技能训练是一次非常宝贵的经历。它让我对法律有了更深入的理解，提升了自己的实践能力，也让我感受到了法律职业的魅力和挑战。我相信这次经历将对我未来的学习和工作产生积极的影响。

附录三

学生的部分实践作业展示

一、高同学起草的起诉状

民事起诉状

原告：杜某，男，XX族，XXXX年XX月XX日生，住所地：山西省太原市118小区XXX号，身份证号：XXX……，联系电话：1……。

原告：XXX，女，XX族，XXXX年XX月XX日生，住所地：山西省太原市118小区XXX号，身份证号：XXX……，联系电话：1……。

被告：廉某，男，XX族，XXXX年XX月XX日生，住所地：山西省太原市118小区XXX号，身份证号：XXX……，联系电话：1……。

案由：隐私权纠纷

诉讼请求：

1. 请求依法判令被告进行公开赔礼道歉。

2. 请求依法判令被告拆除其在原告住所非法安装的监视器及相关设备，并恢复原墙体。

3. 请求依法判令被告向原告支付精神损害抚慰金60 000元（大写：陆万元）

4. 请求依法判令被告承担本案诉讼费。

事实与理由：

20××年6月4日中午，原告吃过午饭后准备午睡，发现自己家卧室暖气罩后面被安装了监视器，并装有微型话筒，摄像机的探头正对原告夫妇的床上，且该监视器线路通往被告廉某家中。原告夫妇报警后，经警察调查确认卧室中的监视器确为被告廉某为窥视原告夫妇日常隐私所安装。

《中华人民共和国民法典》第1032条第1款规定："自然人享有隐私权。任何组织或者个人不得以刺探、侵扰、泄露、公开等方式侵害他人的隐私权。"

第1033条规定："除法律另有规定或者权利人明确同意外，任何组织或者个人不得实施下列行为：（一）以电话、短信、即时通讯工具、电子邮件、传单等方式侵扰他人的私人生活安宁；（二）进入、拍摄、窥视他人的住宅、宾馆房间等私密空间；（三）拍摄、窥视、窃听、公开他人的私密活动；（四）拍摄、窥视他人身体的私密部位；（五）处理他人的私密信息；（六）以其他方式侵害他人的隐私权。"

综上所述，原告认为被告廉某的行为已经严重侵犯了其隐私权。被告廉某侵犯隐私权的行为对其生活造成极度困扰，并对其身心造成极大伤害，特别是对正处于怀孕中的原告妻子方的心理造成了巨大的压力和打击。

原告为了维护自身的合法权益，依据相关法律规定，特具此状，望人民法院查明事实，依法判决。

证据和证据来源：

1. 2012年6月4日在原告家中发现的监视器一个。
2. 监视器连接线源头照片一张。
3. 被告廉某讯问笔录一份。

以上证据均来自太原市公安局杏花岭分局

此致

太原市杏花岭区人民法院

附：起诉状副本三份

具状人：杜某、XXX

XXXX 年 XX 月 XX 日

二、韩同学起草的原告代理词

原告代理词

尊敬的审判长，审判员：

呼和浩特市 xx 律师事务所受本案原告呼和浩特市富升热力有限公司的委托，指派我担任原告的诉讼代理人。代理本案后，我查阅了案卷，向有关方面进行了调查，听取了法庭调查情况，对本案有了较全面的了解。现我就案件事实，对本案发表以下代理意见，供合议庭参考。

一、案件事实经过

1. 原告作为供热单位，具有合法的供热资质及相关经营许可，在供热季按照规定为包括被告在内的小区业主提供了供热服务。

2. 根据供热合同约定或当地供热管理相关规定，被告作为小区业主，有义务按时缴纳供热费用。然而，截至目前，被告无故拖欠 2018 年 10 月 15 日之后的供热费，经原告多次催缴，仍未支付。

二、法律依据及合同约定

1. 法律规定

根据《中华人民共和国民法典》关于供用热力合同的相关规定，供热人应当按照国家规定的供热质量标准和约定向用热人供热，用热人应当按照国家有关规定和当事人的约定及时支付供热费。用热人逾期不支付供热费的，应当按照约定支付违约金。相关地方性法规及供热管理办法也对供热费用的缴纳及违约责任等作出了明确规定，进一步明确了供热单位和用户的权利义务关系，为本案的处理提供了法律支撑。

2. 合同约定

原告为被告所有的某小区某号楼某单元某号，面积为85.51平方米的房屋提供供暖服务，供暖费为3.68元/平方米·月。如被告未在约定的时间内缴纳费用，原告有权向被告主张因逾期产生的违约金11 893元，并从逾期之日起按日加收千分之五的违约金，直至缴清全部费用。被告作为合同一方，应当遵守合同约定，履行缴费义务。

三、被告欠费行为的不合理性及影响

1. 不合理性

原告已经按照约定履行了供热义务，为被告提供了温暖的居住环境。供热服务具有公共服务性质，涉及整个小区的供热系统运行和维护，被告享受了供热服务却拒绝缴纳费用，违背了公平原则和诚实信用原则。被告未提出合理的欠费理由或证据证明其不应缴纳供热费。在原告催缴过程中，被告也未积极与原告沟通协商解决问题，而是采取无故拖欠的方式，其行为明显不当。

2. 影响

一是对原告的经营造成了经济损失。供热单位需要投入大量的资金用于供热设备的建设、维护、燃料采购等,如果大量用户像被告一样拖欠供热费,将严重影响原告的资金周转和正常经营,可能导致供热服务质量下降,进而影响到其他按时缴费用户的权益。二是对小区供热秩序产生不良影响。如果欠费行为得不到有效制止,可能会引发其他业主的效仿,破坏整个小区的供热缴费秩序,影响供热系统的稳定运行和持续改善。

四、证据支持

1. 供热服务证据

原告提供了供热期间的运行记录、温度监测数据等,证明在整个供热季,其按照规定的供热质量标准为小区提供了稳定的供热服务。温度监测数据显示,室内温度在绝大多数时间符合当地供热管理部门规定的温度标准范围,仅有极少数时间由于不可抗力等客观原因出现短暂波动,但原告均及时采取了合理的应对措施,不影响整体供热服务质量。

2. 催缴通知证据

原告提交了向被告发送催缴通知的记录,短信通知显示已成功发送至被告在物业管理处登记的手机号码;电话记录则详细记录了拨打时间、证明原告多次积极履行催缴义务,而被告对催缴通知未予理会或明确拒绝缴费。

五、诉讼请求

1. 依法判令被告向原告支付 2018 年 10 月 15 日至 2024 年 4 月 15 日共 6 个采暖年度的供热费 11 328 元。

2. 依法判令被告向原告支付因逾期缴纳供热费产生的违约金

10 194 元。以上供热费和违约金合计 21 522 元。

3. 本案诉讼费由被告承担。

综上所述，原告依法履行了供热义务，被告无故拖欠供热费的行为违反了法律规定和合同约定。为维护原告的合法权益，保障供热事业的正常运行，恳请法庭支持原告的全部诉讼请求，依法作出公正判决。

谢谢法庭！

委托代理人：韩某某

2024 年 10 月 22 日

参考文献

[1] 黄崴:《民办高教发展研究》(第6辑),中山大学出版社2021年版。

[2] 黄进:《中国法学教育研究》(2016年第4辑),中国政法大学出版社2016年版。

[3] 王永清、付宏刚主编:《红色教育家王季愚教育思想研究论文集》,黑龙江大学出版社2021年版。

[4] 汪建华:《大学通识教育课程变革史论(1912—1948)》,西南交通大学出版社2020年版。

[5] 徐祥运、刘杰编著:《社会学概论》(第6版),东北财经大学出版社2021年版。

[6] 王媛主编:《大数据背景下的环境经济与管理学》,天津大学出版社2022年版。

[7] 刘冰、屈冠群:《"双创"视阈下计算机专业应用型人才培养模式研究》,北京工业大学出版社2021年版。

[8] 周二勇主编:《高水平应用型大学要素研究》,北京理工大学出版社2022年版。

[9] 孙健、俞洋:《治理视域下职业教育校企合作模式研究》,苏州大学出版社2021年版。

[10] 杨建基:《中国职业教育发展及其治理体系研究》,中国商务出版社2021年版。

[11] 艾卫平、叶耀辉主编:《大学生就业创业指导教程(医药版)》,上海交通大学出版社2021年版。

[12] 张云华：《人才测评：从入门到精通》，上海科学技术文献出版社 2021 年版。

[13] 菅浩然、常小芳：《大学生生涯发展与就业指导》，电子科技大学出版社 2019 年版。

[14] 李悦主编：《产业经济学》（第 5 版），东北财经大学出版社 2022 年版。

[15] 杨春丽：《基于专利角度的吉林省新材料产业发展对策研究》，吉林人民出版社 2020 年版。

[16] 李延忠：《实践育人创新研究》，北京理工大学出版社 2013 年版。

[17] 王小青：《刑法学总论重点与常见疑难问题探讨》，中国政法大学出版社 2015 年版。

[18] 王小鹤：《系统论视角下教师职前培养体系研究》，吉林大学出版社 2022 年版。

[19] 朱丽：《大学生法治教育研究》，电子科技大学出版社 2016 年版。

[20] 黄瑞宇：《中国政法大学学生工作理论研讨论文集》，中国政法大学出版社 2019 年版。

[21] 唐波等：《面向"智慧城市"的教育——论国际金融、航运法律人才的培养模式》，上海人民出版社 2012 年版。

[22] 马艳萍、张大伟、姜玲玲主编：《新时代高校思想教育模式多元化构建探究》，吉林出版集团股份有限公司 2021 年版。

[23] 李占荣主编：《浙江财经大学法学教育评论》，浙江工商大学出版社 2019 年版。

[24] 张艳萍主编：《旅游教学理论与实践》，中国旅游出版社 2016 年版。

[25] 陈寒非：《首都法学教育研究》（9），北京对外经济贸易大学出版社 2020 年版。

[26] 皇甫菁菁：《高校教学理论研究与实践》，吉林出版集团股份有限公司 2022 年版。

[27] 徐恒、钟镇、李朝阳：《创新创业政策与教育实践——基于河南省高校的实证研究》，中国经济出版社 2022 年版。

[28] 邢小强编著：《创业学课程思政中的案例教学》，对外经济贸易大学出版社 2022 年版。

[29] 韩秀平、李一鸣：《基于数学建模的大学生创新能力培养及评价方法研究》，黑龙江大学出版社2023年版。
[30] 王丽媛：《法学教育与实践教学研究》，延边大学出版社2023年版。
[31] 姜伟星：《产教融合理念下校企合作人才培养理论与实践研究》，天津科学技术出版社2023年版。
[32] 赵志勇、马文婷：《高校思想政治课程设计与大学生社会责任感的培养》，载《经济师》2015年第8期。
[33] 刘鑫：《地方应用型本科高校法学专业人才培养模式新探索》，载《中国大学教学》2018年第2期。
[34] 陈竟：《法学专业"2+1"复合型本科人才培养模式》，载《西部素质教育》2017年第6期。
[35] 陆苹、陆云：《案例教学在法学教学应用中的实证研究：以民事案例教学为例》，载《教育观察》2020年第5期。
[36] 陈大为：《守正与创新：新文科背景下法学应用型人才培养模式构建研究》，载《鲁东大学学报（哲学社会科学版）》2024年第4期。
[37] 唐全民：《供给侧改革视角下法学应用型人才培养模式创新的探索：以湖南人文科技学院为例》，载《湖南人文科技学院学报》2021年第3期。
[38] 崔征：《民办高校法学应用型人才培养目标的定位研究》，载《法制博览》2018年第12期。
[39] 黎亚玲：《高校法学专业复合应用型人才培养思考》，载《楚天法治》2024年第6期。
[40] 胡丽：《"全周期引导"教学模式下应用型法学人才培养路径探索》，载《科教导刊》2024年第10期。
[41] 张守波、苏贺新、张彤：《"产教融合"在高校应用型法学专业人才培养中的探索》，载《黑河学院学报》2023年第4期。
[42] 郭蕊：《新文科背景下应用型大学法学人才培养路径探索》，载《许昌学院学报》2023年第6期。
[43] 温雅琴：《民办院校法学专业培养法商结合型人才研究》，载《智库时代》2022年第17期。

[44] 陈斯娜:《论应用型高校"司法文书写作+计算机速记"课程协同融合教改模式研究》,载《教育现代化》2022年第22期。

[45] 李博浩:《应用型人才培养与高校法学专业实践教学改革策略》,载《前卫》2022年第6期。

[46] 王承堂、马辉:《分布式法学实践教学体系的构建与应用》,载《中国大学教学》2023年第9期。

[47] 邹青松、黄泷一:《法典化时代民法学鉴定式教学的创新实践研究:以广东财经大学法学教育为例》,载《法商高教研究》2023年第3期。

[48] 陈化琴:《地方财经类本科院校新法学实践教学体系探索——以广东培正学院为例》,载《清远职业技术学院学报》2023年第3期。

[49] 郝佳、李凯文:《信息化时代的法学实践教学方法革新——以家事法教学中运用类案检索方法为例》,载《法学教育研究》2024年第3期。

[50] 徐文姣:《法律英语教学与政法类高校涉外法治人才培养探究——基于〈法律英语〉课程的教学实践》,载《现代英语》2022年第12期。

[51] 邱帅萍、钟佳宇:《职业化教育背景下法学专业实践教学改革路径探究》,载《当代教育理论与实践》2023年第6期。

[52] 张守波、苏贺新、张彤:《产教融合:法学专业实践教学保障体系构建》,载《绥化学院学报》2023年第8期。

[53] 白金玲:《应用型人才培养模式下实践教学改革初探——以国际法学为例》,载《读与写(上旬)》2022年第3期。

[54] 马颖章、林秋:《数字法治背景下高校法学专业混合实践教学模式研究与实践》,载《教书育人(高教论坛)》2022年第7期。

[55] 苗道华:《应用型高校法学专业实践性教学改革探索——以诊所式法律教育为视角》,载《湖北开放职业学院学报》2024年第1期。

[56] 倪志娟:《新文科视域下法学专业多维协同实践教学模式研究》,载《潍坊学院学报》2023年第6期。

[57] 杜碧玉:《美国法学院实践教学模式的经验和启示:以麦克乔治法学院为例》,载《哈尔滨职业技术学院学报》2012年第3期。

[58] 肖兴燕等:《诊所式法学教育——定位于专业实践能力培养的法学教学新手段》,载《六盘水师范学院学报》2013年第5期。

［59］杜健荣：《应用型法律人才写作能力培养路径探析：以美国法学院法律写作教育改革为镜鉴》，载《法学教育研究》2020 年第 4 期。

［60］金强：《智慧教育时代"教、学、练、战"一体化法学案例教学模式研究》，载《公安教育》2023 年第 4 期。

［61］张玉洁：《大数据在线案例库教学模式的构建与实施路径研究——以法理学课程为例》，载《法学教育研究》2023 年第 2 期。

［62］周乾：《"深协同"视角下诊所法律教育的问题及对策——以 X 省 Y 校为例》，载《长春大学学报》2022 年第 8 期。